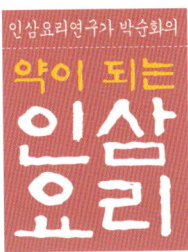

인삼요리연구가 박순화의
약이 되는 인삼요리

한국외식정보(주)

저자 박순화

1959년 풍기에서 출생하여
대학에서는 미술을 전공하였다.
16년간 외식사업을 해오면서
황혜성궁중음식연구원의 전 과정을 수료하였고
이향방선생님께 중국 전통음식을 이수하였으며
연세대, 숙명여대에서 외식산업에 관한 교육과정을 수료하였으며
중앙대학교에서는 인삼산업최고전문가 과정을 마쳤다.
현재 인삼김치 등 인삼을 이용한 식품을 다수 특허 출원 중이며
약선인삼요리 대중화에 많은 기여를 하고 있다.
영주시 전통음식연구회 운영위원으로 활동중이며
2003년 전국 인삼요리 대회에서 우수상을 수상했다.
동양대학교의 단체급식과
인삼김치제조업체인 선비촌 약선당을 운영하고 있으며
한방인삼요리전문점 약선당(藥膳堂, 2003년 11월중 개업예정) 오픈을 준비하고 있다.

인삼요리연구가 박순화의
약이 되는
인삼요리

1판 1쇄 찍은 날 2003년 9월 23일
1판 1쇄 펴낸 날 2003년 10월 1일

지은이	박순화
펴낸이	박형희
펴낸곳	한국외식정보(주)
	서울특별시 송파구 가락2동 147-2 현대파크빌 1층
대표전화	02-443-4363
팩시밀리	02-448-4820
등록	1997년 12월 1일
편집부장	육주희
편집	홍주연
사진	이종석, 이종호
원색분해	서울프로아트
인쇄	타라 T.P.S.
정가	13,000원
ISBN	89-87931-15-3 13590

이 책에 실린 모든 기사 내용과 사진은
무단복제해서 사용할 수 없습니다.

이 도서의 국립중앙도서관 출판시도서목록(CIP)은
e-CIP 홈페이지(http://www.nl.go.kr/cip.php)에서 이용하실 수 있습니다.
(CIP제어번호: CIP2003001168)

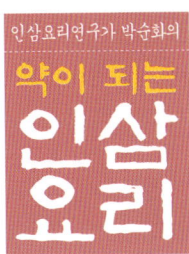

인삼요리연구가 박순화의
**약이 되는
인삼요리**

한국외식정보(주)

책을 펴내며

"약이 되는 음식…인삼요리, 다양하고 맛있게 즐길 수 있죠"

어릴적, 장마에 인삼이 모두 썩어 버렸다고
아버님께서 소쿠리에 가득 담아 오셔서 방 한켠에 두고
우리 6남매가 며칠간은 인삼으로 끼니를 대신하다시피 한 기억이며,
중학교 다닐때 삼포밭에 약을 쳐야 하는데 일손이 모자라서
약 줄을 좀 잡으라고 하시면 번개같이 도망쳐 버렸던 기억이 아스라히 떠오릅니다.
풍기에는 겨울이 되면 눈이 많이 와서
행여 삼포 어장이 내려 앉을새라 밤잠을 설치시며 애태우시던 부모님이
이제 연로해지신 모습을 뵐때마다
옛 일들이 주마등처럼 스쳐가며
그때 얼마나 속이 타셨을까하는 아련함이 가슴을 메이게 합니다.
인삼의 고장 풍기에서 자라나 잠시 학업으로 대처에 나갔다가
다시 풍기에 시댁을 두어 종가의 종부로서 부엌의 큰 살림을 맡아 오면서
이제는 불혹의 중턱에 서 있는 여인이 되어 있습니다.
4대가 어우러져 사는 가족들의 건강을 위해서
지역의 특산물인 인삼과 소백산 약초 등을 이용한 내림음식과
몸에 좋은 인삼을 효과적으로 상식할 수 있도록 연구하고 개발한 것을
한장한장 기록해 둔 것들이 모이게 되었습니다.
더구나 인삼의 고장 풍기에서 16년간 외식 사업을 해오면서
    풍기인삼의 효능을 어떻게 해서라도 더 많이 알리고 싶은 마음에
      늘 인삼을 주제로 한 음식을 연구하고 다루어 왔습니다.
        많은 것을 감수해 주시고 믿어주신 시부모님과 남편에게 더없이 고마웁고
        조건이 열악한 시골 아낙에게 용기를 주신
        한국외식정보(주) 박형희 대표님께 깊은 감사를 드리며
        먼거리에서도 마다 않고 힘든 일을 맡아 진행해 준
          육주희 부장님과 사진팀, 편집팀에게도 고마움을 전합니다.
            풍기인삼요리책을 발간할 수 있도록 도와 주신 영주시 권영창 시장님을 비롯한
            문화관광과 권혁태 과장님과 김유철 계장님, 농업기술센터 백은미 계장님과
            영주시 전통음식연구회 이신옥 선생님(떡분과)께도 감사드립니다.

그 외에도 인삼이 몸에 좋은 음식으로 활용될 수 있도록
충분한 인삼이론을 가르쳐주신
중앙대학교 인삼산업연구센터 장경천 소장님과
김윤영, 고성권, 최용의, 임병옥 교수님, 밝훈 박사님과 원우님들의
따뜻한 배려에도 고개를 숙입니다.
부족한 부분도 많지만 인삼이 더 많은 사람들의
식탁에 몸에 좋은 인삼건강요리로 올려져
행복한 가정의 건강지킴이가 될 수만 있다면
큰 보람으로 여길 것이며
인삼과 더불어 모든것을 이루어 낼 수 있도록 끝없는 노력을 할 것입니다.
그리고 인삼이 미래의 훌륭한 건강식이 되리라고 믿습니다.
인삼의 종주처인 풍기인삼의 훌륭함이
세계 만방에 떨치기를 기원합니다.

풍기인삼은 세계의 자랑거리

5대째 내려오는 우리집 뒷뜰에서 바라보면
소백산 아래 뻗쳐 내려온 도솔봉이 큰 가슴으로 풍기를 지켜주고 있다.
도솔봉의 넓고 깊은 산중에서는 수 많은 야생초가 자생하고 있으며
산채나 약초 등이 많이 자란다.
옛부터 우리나라에는 개성의 직삼, 금산의 곡삼, 풍기의 반곡삼이 전해 내려오고 있다.
풍기인삼은 삼국사기에 서기 734년(신라 선덕여왕 33년)에 당 현제에게 하정사를 보내어
산삼 200근을 선물하였다는 기록으로 볼 때
신라때 소백산에서 산삼이 많이 자생한 사실을 알 수 있다.
조선 중종조 주세붕 선생이 풍기 군수로 부임하면서 산삼에 의존하였던 것을
산삼종자를 채취해 인삼재배를 시작하면서 조정에서는 풍기인삼을 애용하였다는 기록이 있다.
풍기인삼은 타지역 인삼보다 중량이 더 나가 진액 추출량이 많다.
인삼시장의 판매상인들 말에 의하면 타지역 인삼과 풍기인삼을
나란히 진열해 놓고 판매할 경우 풍기인삼은 부패가 훨씬 더디며
몸체가 단단해서 시들해지는 기운이 늦어져 유통기한이 타지역 인삼보다 길다고 한다.
이는 풍기의 기후나 토양이 인삼 재배지로서 가장 적절한 곳임을 증명해 준다.

2003년 秋 박순화

추천의 글

신이 내린 영약 풍기인삼으로
우리음식의 미래를 기대하며

　인삼 향기 그윽한 풍요로운 계절입니다.
　어려운 여건속에서도 인내와 노력으로 우리 지역의 대표적 특산물인 풍기인삼을 소재로 한 '약이 되는 인삼요리' 책을 발간하게 된 영주시 향토음식연구회 박순화 회원님께 진심으로 축하의 말씀을 드립니다.

　신라 시대부터 신비의 명약으로 내려온 풍기인삼은 많은 사람들의 질병 치료와 예방에 놀라운 효험이 있어 한약재의 으뜸으로 귀하게 여겨져 왔습니다.

　근래에 들어와서는 평균수명의 연장으로 건강에 대한 관심도가 높아져 인삼이 국제적인 관심사로 부상하면서 기능성 건강식품으로 누구나 쉽게 우리 식탁에서 부담없이 즐길 수 있는 음식으로 발전되고 있습니다.

　인삼이 음식으로서 연구 개발되어 남녀노소 누구나 맛있는 음식으로 함께 호흡할 수 있고 건강한 식생활을 영위할 수 있도록 인삼요리를 책으로 엮어주신 박순화 님의 노고에 거듭 감사 드리며 아울러 인삼향기가 전국으로 퍼져 나가기를 기원합니다.

영주시장 권영창

추천의 글

한송이 국화꽃을 피우기 위해
봄부터 소쩍새는 그렇게 울었나보다

　박순화 선생님은 중앙대학교 인삼산업 연구센터의 인삼산업 최고경영자 과정을 통하여 알게 되었다. 풍기에서 안성까지 먼 길을 결석 한번 없이 다니시며 인삼을 공부하시더니 드디어 인삼요리책을 출간하신단다.

　그동안 학교의 크고 작은 행사가 있을 때마다 맛있는 인삼요리를 만들어 오셔서 여러 사람들을 즐겁고 건강하게 해주시더니 이제 그 즐거움과 건강을 보다 많은 사람들과 나누어야겠다는 결심을 하신 모양이다.

　내 자신 미식가는 아니라 맛있는 음식을 모두 섭렵해 보지는 못했으나 그래도 소문난 음식점을 이곳저곳 찾아가 보는 성의는 있었다. 그러나 박순화 선생님의 인삼요리는 그 모양과 맛이 참으로 그냥 앉아서 먹기가 송구할 지경이었다.

　오랜 시간 익혀 온 요리솜씨와 인삼이 어우러진 요리는 누구에게라도 추천해보고 싶은 음식이라 생각한다.

　인삼이 강장약으로서 약물사에 등장하게 된 것은 2000년전인 중국의 전한원제시대(前漢元帝時代 BC 48~33)의 문헌인 「급취장(急就章)」에서 처음 인삼의 「蔘」자가 소개되면서부터이다.

오랜 세월을 두고 우리에게 익숙해져 온 인삼에는 補氣救脫(보기구탈 : 허약체질 개선 및 체력증진), 益血復脈(익혈복맥 : 조혈 및 혈행 부진 개선), 養心安神(양심안신 : 심상기능 강화 및 스트레소 해소), 生津止渴(생신지갈 : 항 당뇨 및 비장기능 강화), 補肺定喘(보폐정천 : 호흡기 질환 예방 및 치료), 健脾止瀉(건비지사 : 위장기능 강화 및 개선), 托毒合瘡(탁독합창 : 제독 및 저항력 증진)의 일곱가지 효능이 있다고 한다.

그 좋은 효능을 가진 인삼이 박순화 선생님의 요리솜씨와 어우러져 우리의 입과 몸에 즐거움을 더해 준다니 그저 기쁠 뿐이다. 앞으로도 박순화 선생님의 음식 솜씨를 더욱 뽐낼 기회가 더 많이 있었으면 좋겠다.

중앙대학교 인삼산업 연구센터 소장 장경천

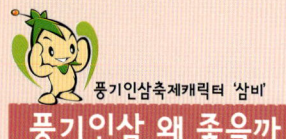

풍기인삼 왜 좋을까?

풍기인삼은 계절의 변화가 뚜렷하고 생육상태가 우수하므로 뇌두, 몸체, 뿌리 부분이 균일하게 자랐다.

유기질이 풍부한 소백산의 자연조건에서 재배되므로 영양흡수가 양호하고 색깔이 균일하며 표피가 잘 갈라지지 않는다.

기후일조량과 수분 흡수가 적정하므로 뿌리표피의 적변현상이 적고 깨끗하다.

인삼의 채취 시기를 비교해 볼때 다른 지역의 인삼보다 무게가 더 나가므로 사포닌 함량이 풍부하다고 볼 수 있다.

인삼(생삼) 한채(750g)를 유효적절하게 이용하는 방법

〈풍기생삼〉

첫째, 둘째날

뇌두를 제거하고 깨끗이 씻어 잔뿌리와 동체(몸체)를 구분하여 놓은 후 소쿠리에 엎어 물기를 완전히 거둔다.

잔뿌리는 사포닌 함유량이 많아 쓴맛이 강하므로 햇볕에 말려 두었다가 인삼차나 소스, 육수로 이용하면 좋다.

몸체는 우유나 요구르트, 사과 등을 취향에 맞게 생삼과 2:8 비율로 믹서해서 주스로 이용하거나 신선할 때 냉채로 사용한다(냉장보관).

〈풍기반곡삼〉

셋째, 넷째날

저며서 고기류에 배합해 이용하거나 전류, 튀김류에 이용하면 수분이 적당히 제거된 상태라서 적합하다.

〈풍기홍삼〉

다섯째, 여섯째날

삼계탕이나 조림류에 가미하여 사용하고 장시간 보관시 변질될 우려가 생기면 햇볕에 바싹 말려 두었다가 건삼으로 장기보관 하며 인삼가루를 내어 쓰거나 필요할 때마다 적절히 이용한다.

일상식단의 보약 풍기인삼 쉽게 조리하기

인삼잼

- ■재료 : 인삼(생삼) 500g, 설탕 2컵, 물 3컵, 물엿(올리고당, 꿀)½컵, 소금 ⅓작은술
- ■만들기 : 인삼은 깨끗이 씻어 잘게 썰어 두꺼운 냄비에 꿀, 설탕, 소금, 물을 붓고 끓이다가 한 번 끓으면 불을 약하게 줄여 나무주걱으로 눌지 않게 저으면서 국물이 거의 없어지면 물엿을 넣고 다시 조려 인삼잼을 만든다.

인삼냉채소스

- ■재료 : 인삼(생삼)2뿌리(50g), 우유 ½컵, 잣 3큰술. 설탕·레몬즙 각 1큰술, 꿀 2큰술, 식초 2큰술, 갠겨자 ½큰술, 소금 1작은술, 흰후추
- ■만들기 : 재료를 믹서에 곱게 갈아 차게 식혀 냉채소스로 사용하는데 특히 인삼 향이 그윽하게 퍼져 채소냉채소스로 좋다.

인삼불고기 양념

- ■재료 : 인삼즙 2큰술, 간장 3큰술, 다진마늘 1큰술, 배즙 1큰술, 설탕 1½큰술, 다진파 2큰술 물엿 1큰술, 깨소금 1큰술, 참기름 1큰술, 후추
- ■만들기 : 인삼은 곱게 갈아 재료와 섞어 불고기양념을 만든다.

인삼꿀장과 인삼꿀절임

- ■인삼꿀장 : 생삼을 얇게 썰어 꿀에 찍어 먹는다. 은은한 인삼향을 느끼면서도 인삼 특유의 쌉쌀한 맛을 줄일 수 있다.
- ■인삼꿀절임 : 생삼을 잘 씻어 2~3일 정도 건조시킨 다음 썰어 꿀과 생삼을 1:1 비율로 절여 1개월 후에 먹는다.

인삼중탕

- ■만들기 : 홍삼은 10~20g, 태극삼은 20~30g, 백삼은 30~40g, 생삼은 100~150g을 생강 한쪽(3g), 대추 3~4개(10g)와 함께 물 1.5ℓ를 붓고 약한 불(85℃)로 탕액이 ⅓이 될때까지 약 32시간 정도 서서히 달여 1일 2~3회 마신다.

인삼우유생즙과 사과생즙

- ■우유생즙 : 생삼 1~2뿌리(인삼 50g)와 우유 300㎖를 믹서기에 갈아 꿀이나 올리고당을 타서 생즙으로 먹는다.
- ■사과생즙 : 생삼 30g, 사과 1개를 씻어 곱게 갈아 아침에 주스로 마신다. 인삼의 쌉싸름한 맛을 싫어하는 경우에도 사과의 향과 맛이 가미되어 아이들도 쉽게 마실 수 있다.

인삼샐러드 드레싱

- ■재료 : 인삼(생삼) 2뿌리(50g), 과일즙(사과, 딸기, 파인애플) 3큰술 설탕, 양파즙, 식초, 레몬즙 각 2큰술, 마요네즈 1큰술, 소금 ½큰술
- ■만들기 : 인삼을 곱게 갈아 재료와 섞어준다.

CONTENTS

김치·냉채류

한방인삼김치	●32
인삼백김치	●34
인삼약(물)김치	●34
인삼곤짠지	●36
인삼부추김치	●36
김치인삼전골	●38
인삼깻잎김치	●40
인삼장아찌	●40
두릅나물인삼무침	●42
인삼생채	●43
인삼해파리냉채	●44
인삼물미역냉채	●44
인삼모듬냉채	●46
인삼정과샐러드	●46
가지나물인삼소스	●48
인삼골뱅이냉채	●48
인삼구절판	●50
인삼밀쌈말이	●52
인삼탕평채	●53
인삼가오리회무침	●54
인삼 보푸라기무침	●54

죽·탕류

인삼팥죽	●14
인삼단호박죽	●14
인삼대추죽	●16
인삼마죽	●17
인삼야채닭죽	●18
인삼북어해장국	●18
인삼초교탕	●20
전통삼계탕	●20
인삼마늘꿀탕	●22
인삼누룽지탕	●23
인삼추어탕	●24
우삼탕	●25
인삼신선로	●26
생삼밤꿀절임	●28
시금치인삼완자탕	●29

책을 펴내며	●4
권영창 영주시장	
추천의 글	●6
중앙대학교 인삼산업 연구센터	
장경천 소장 추천의 글	●7
풍기인삼 왜 좋을까	●8
풍기인삼 쉽게 조리하기	●9
목차	●10

찜 · 볶음류

인삼갈비찜 ● 78
인삼가오리찜 ● 79
인삼돈육볶음 ● 80
한국식 인삼스파게티 ● 81
인삼칼국수 ● 82
인삼비파두부 ● 83
인삼잡탕밥 ● 84
인삼두반장 볶음 ● 84
인삼함박스테이크 ● 86
인삼돈까스비빔밥 ● 87
닭구이인삼소스 ● 88
삼겹살인삼구이 ● 89
인삼삼겹살찜 ● 89
인삼떡갈비 ● 90
인삼돔베기불고기 ● 91
조기구이인삼소스 ● 92
인삼과나비 ● 92
인삼구기자닭찜 ● 94
인삼장아찌쌈밥 ● 94
인삼초밥 ● 96
인삼진주완자 ● 97
인삼김밥 ● 98
인삼정과계란찜 ● 99
인삼새우계란찜 ● 99

간식 · 안주 · 음청류

인삼양념구이 ● 102
인삼마늘구이 ● 102
홍삼매실조림 ● 104
인삼장조림 ● 104
인삼조란 ● 106
인삼옥수수빠스 ● 106
인삼곶감쌈 ● 108
인삼대추대추말이쌈 ● 109
인삼영양떡 ● 110
인삼약편 ● 110
깨고물 인절미 ● 110
삼색말이떡 ● 110
인삼경단 ● 112
과편인삼나무 ● 112
인삼과자 ● 113
인삼식혜 ● 114
인삼감주 ● 114
홍삼약수단 ● 114
인삼우무묵 ● 116
인삼구기자감초차 ● 116

인삼이론 ● 118

전류

인삼대합구이 ● 58
인삼어선 ● 58
인삼잡채 ● 60
인삼잡채전 ● 60
인삼장어튀김 ● 62
인삼새우튀김 ● 63
인삼마전 ● 64
인삼쇠고기장떡 ● 64
인삼무메밀전 ● 66
인삼쇠고기말이 ● 66
인삼김치크로켓 ● 68
인삼두릅전 ● 68
인삼섭산적 ● 70
인삼부추튀김 ● 71
생삼튀김 ● 72
인삼북어산적 ● 72
인삼육편 ● 74

탕류

약이 되는 **인삼요리**

죽·탕류

인삼팥죽

팥의 외피에 들어있는 사포닌이 뛰어난 이뇨작용을 해 심장병, 각기병, 신장병 등으로 인한 부기에 높은 효과를 발휘한다. 너무 많이 먹으면 설사를 하므로 적당량을 섭취하면 좋다.

재료 준비하기
- 멥쌀 1컵
- 팥 1컵
- 소금 적당량
- 물 15컵

이렇게 만들어요
1. 불린팥 1컵에 물 5컵을 붓고 푹삶아 체에 내린다.
2. 찹쌀가루를 익반죽해서 생삼 졸인 것으로 속을 채워 경단모양으로 새알을 빚는다.
3. 냄비에 팥물과 나머지 물 10컵을 붓고 불려 둔 멥쌀을 함께 안쳐서 죽을 쑨다.
4. 죽이 끓으면 새알을 넣고 소금으로 심심하게 간한 뒤 죽이 퍼지도록 끓인다.
   ★많은 양의 팥죽을 끓일 때 새알을 떡볶이 가래떡으로 대신해서 썰어 넣으면 편리하다.

〈새알〉
- 찹쌀가루 1컵
- 소금 약간, 끓는 물 적당량
- 인삼정과, 올리고당
- 녹말분

〈새알〉
1. 찹쌀가루 1컵에 소금, 올리고당을 조금 넣고 끓는 물로 익반죽하여 속에 인삼 정과를 콩알만하게 잘게 썰어 새알속에 넣어 빚는다.
2. 새알에 녹말분을 약간 묻혀 끓는 물에 삶아 건진다.

> **식물상식 톡톡톡** 팥, 더덕, 도라지 등에 있는 사포닌은 극성을 띠고 있어 용혈작용과 같은 독성을 지니므로 과다섭취하면 속이 아리거나 생목이 고인다. 그러나 인삼의 사포닌은 특이 단마란계 배당체이기 때문에 부작용이 거의 없다. (뒷부분 인삼이론에 상세설명)

인삼단호박죽

호박은 인슐린 분비를 도와 주므로 당뇨병으로 인한 부기를 내리는데 뛰어난 효과가 있다.

재료 준비하기
- 인삼육수
- 찹쌀 1컵
- 단호박 600g
- 삶은 팥 300g
- 소금 약간

이렇게 만들어요
1. 불린 찹쌀 1컵을 믹서기에 살짝 간다.
2. 냄비에 ①과 인삼육수를 붓고 죽을 쑨 다음 삶아 으깬 호박과 섞어 끓인다.
3. 호박죽이 다 끓으면 팥 삶은 것을 넣고 소금으로 간을 맞춰 그릇에 담는다.

〈인삼육수〉
- 생삼 1뿌리
- 꿀
- 물 8컵

〈인삼육수만들기〉
생삼을 곱게 다져서 꿀을 조금 넣고 졸이다가 물 8컵을 넣어서 6컵이 될 때까지 중간불에서 끓인다.

> **식물상식 톡톡톡** 몸이 나른하고 낮에 꾸벅꾸벅 조는 사람은 위장에 부담되는 육류음식 등을 과다 섭취했거나 피로가 제거되지 않아도 그럴 수 있다.

인삼대추죽

기력이 떨어져 몸이 무겁고 나른하면서 피로감이 있거나 어지럽고
손발이 차가워지는 증세가 있을 때 현미를 넣어 인삼대추죽을 끓여 먹으면 좋다.

재료 준비하기

- 생삼 60g
- 대추 80g
- 현미 200g
- 잣 30g

이렇게 만들어요

1 대추는 껍질을 벗겨 씨와 함께 푹 삶은 다음 조리에 받쳐 거른다.
2 생삼, 잣, 불린 현미를 믹서에 갈은 후 대추 삶은 물을 붓고 나무주걱으로 저어 가며 죽을 쑨다.
3 죽이 끓으면 죽염으로 간을 맞춰 그릇에 담아낸다.

쿠킹포인트 인삼은 체력을 증진시키고 혈액순환을 도와 빈혈을 예방치료하며 혈액속의 헤모글로빈 생성에도 큰 역할을 한다.
대추는 몸을 따뜻하게 해주고 신경안정과 보혈작용을 하기 때문에 몸이 찬 사람이 먹으면 효과가 크다.

인삼마죽

정력 증강에 좋고 내장을 튼튼하게 하고 기력을 증진시킨다.
식은땀을 많이 흘리거나 귀에 소리나는 사람에게 좋다.

재료 준비하기

- 마 200g
- 생삼 50g
- 현미가루 1큰술
- 잣 1큰술
- 물 적당량
- 죽염 적당량

이렇게 만들어요

1 생삼, 마는 깨끗이 손질하여 잣과 함께 믹서기에 곱게 간다.

2 ①과 현미가루를 혼합하여 물을 붓고 끓인다.

3 죽이 끓으면 죽염간을 하고 그릇에 담아낸다.

쿠킹포인트 마에는 당질, 단백질, 비타민B₁, 미네랄, 소화효소인 디아스타제사포닌, 콜린 등이 들어 있다.

| 약이 되는 **인삼요리**

인삼야채닭죽

소화흡수는 물론 구수한 맛이 별미로 수험생, 어린이, 노인식에 매우 좋다.

재료 준비하기
- 닭(노계) 1마리
- 생삼 1뿌리
- 찹쌀 4컵
- 당근 50g
- 감자 50g
- 표고 30g
- 파, 마늘
- 소금, 참기름 약간

이렇게 만들어요
1. 노계를 압력솥에 푹 고아 뼈를 추려내고, 잘게 찢은 닭살에 참기름, 파, 마늘, 소금으로 밑간을 한다.
2. 닭 삶아낸 물에 불린 찹쌀 4컵을 넣고 푹 익으면 생삼, 당근, 표고, 감자, 마늘 등을 곱게 다져 넣고 한소끔 더 끓여 낸다.
3. 그릇에 죽을 담고 그 위에 양념해 놓은 닭살을 올린다.

쿠킹포인트 죽을 쑬 때 쌀과 물의 비례는 1 : 7 비율이 적당하다.
닭고기는 껍질에 주름이 많고 모공이 위로 확실하게 솟은 것이 신선한 것이다.
또한 신선도가 급격히 떨어지는 고기이므로 구입한 그 날 요리하거나 냉동시켜야 한다.

인삼북어해장국

북어는 간의 피로를 풀어 주고 숙취 해소에 도움이 된다.

재료 준비하기
- 통북어 1마리
- 홍초 2개
- 대파 1
- 생삼 1뿌리
- 표고
- 무 반토막
- 다시마채 조금
- 참기름
- 간장, 마늘, 후추 약간씩

이렇게 만들어요
1. 불린 통북어는 다듬어서 적당한 크기로 토막을 낸다.
2. 냄비가 달구어지면 참기름을 적당히 두르고 토막낸 북어를 볶은 후 물을 붓고 무 반토막을 넣어 함께 익힌다.
3. 다 익은 무우는 꺼내어서 한입 크기로 썰고 표고, 생삼, 홍초, 대파를 적당 크기로 썰어 간장, 마늘, 후추로 밑간을 한다.
4. 양념한 야채를 냄비에 넣고 북어와 다시마채를 넣고 한소끔 끓인 후 그릇에 담아 낸다.

쿠킹포인트 북어는 단백질이 풍부하고 칼슘과 철분, 비타민 A, B_1, B_2가 듬뿍 들어 있어 피곤하고 지친 몸을 확 풀어준다.

20 | 약이 되는 **인삼요리**

인삼초교탕

닭고기와 인삼은 아주 잘 어울리는 상생식품으로 여름철 보양식으로 널리 알려져 있다.
병후 회복기 환자의 아침 식사용으로도 적당하다.

재료 준비하기
- 닭 ½마리
- 표고 3장
- 미나리 50g, 생삼 60g
- 달걀 1개
- 밀가루 2작은술
- 참기름 1작은술
- 다진 파 1큰술
- 다진 마늘, 후추 조금
- 국간장
- 닭국물 4컵
- 소금, 생강

이렇게 만들어요
1. 닭고기는 핏물을 뺀 후 냄비에 담고 파, 마늘, 생강을 약간 넣어 푹 익힌 후 육수는 체에 밭쳐 국물로 준비하고 고기는 결대로 찢어 놓는다.
2. 생삼, 표고는 채썰고 미나리도 길이로 썬다.
3. 우묵한 그릇에 닭고기, 생삼, 야채를 넣고 다진파, 마늘, 후추, 소금, 참기름으로 밑간을 한다. 밀가루를 조금 넣어 갠 후 달걀물을 넣어 골고루 섞는다.
4. 닭국물에 양념해 놓은 닭고기를 넣고 국간장으로 맛을 낸 다음 끓으면 반죽해 놓은 건지를 반 숟가락씩 떠 넣는다.
5. 한소끔 끓어 건지가 떠오르면 불을 끈다.

쿠킹포인트 초교탕은 여러가지 재료가 들어가고 밀가루로 개었기 때문에 끓여서 오래 두면 불어서 맛이 없으므로 건더기를 마련해 두었다가 즉시 끓여서 낸다. 닭고기는 많이 들어가는 것이 아니므로 살만 조금 남겨 두었다가 쓰도록 한다.

전통삼계탕

장이 약한 사람은 삼계탕을 조리할 때 마늘과 찹쌀을 평소보다 좀 넉넉히 넣어
퓨레 상태로 푹 끓여 먹으면 위장을 따뜻하게 하고 설사를 멈추게 한다.

재료 준비하기
- 닭 1마리
- 생삼 2뿌리
- 대추 5개, 마늘 4쪽
- 찹쌀 2컵
- 황기 2쪽, 오가피 1쪽
- 엄나무 1쪽
- 잣, 소금

이렇게 만들어요
1. 닭을 손질하여 찬물에 30분 정도 담가 두어서 핏물과 잡내를 없앤다.
2. 냄비에 물을 붓고 황기, 오가피, 엄나무 등을 넣고 푹 끓여 우려낸 다음 건지는 건져내고 육수는 따로 받아 놓는다.
3. 닭속에 불린 찹쌀, 생삼, 마늘, 황기, 대추, 오가피, 잣 등을 넣고 배를 묶어서 육수에 30분 정도 푹 익혀서 담아내고 소금을 곁들인다.

쿠킹포인트 〈체질에 따른 삼계탕 조리법〉
① 혈압이 높은 사람은 닭의 기름 부위와 껍질을 완전히 제거하고 끓이며 끓이면서 떠오르는 기름까지도 걷어내야 한다.
② 땀이 많은 사람은 피부기능을 강화하면서 땀이 새어나가는 것을 막아주는 황기를 넣는 것이 좋다.
③ 탈수증세가 있는 사람은 오미자를 넣어 끓이거나 오미자 우린물과 함께 먹으면 도움이 된다.
④ 입맛이 없고 기운 없는 사람은 황기를 넣어도 좋고 미꾸라지를 같이 넣으면 위장 기능을 더욱 강화시켜 입맛을 돋우고 기운을 보충해준다. 또 대나무잎을 조금 넣어 조리하는 것도 도움이 된다.

인삼마늘꿀탕

인삼은 약효식품으로 부신피질의 기능을 높이며 스트레스에 대한 저항력을 현저하게 높여준다.
특히 인삼마늘꿀탕은 숙취해소에 매우 좋다.

재료 준비하기

- 마늘 20쪽
- 생삼 1뿌리
- 꿀 8큰술
- 물 ½컵

이렇게 만들어요

1 마늘은 찜통에 30분 정도 찐 후 으깬다.
2 ①에 인삼 다진 것과 꿀, 물을 함께 넣고 약한 불에서 10분 정도 끓인다.

톡톡톡 인삼은 기와 혈을 보강하나 열량이 낮은 결점때문에 꿀과 어울리면 멋진 조화를 이룬다.

인삼누룽지탕

간단한 아침식사 대용으로 안성마춤이다.

재료 준비하기

- 찹쌀 누룽지 4쪽
- 생삼 ½뿌리
- 표고버섯 2장
- 해삼 1개
- 생새우 4마리
- 갑오징어 50g
- 죽순 40g
- 대파, 마늘 조금
- 약간장 조금
- 술 적당량
- 물녹말 2큰술

이렇게 만들어요

1. 해물은 손질하고 갑오징어는 반으로 잘라 칼집을 넣어둔다
2. 생삼, 표고, 죽순, 대파는 한입 크기로 어슷 썰어 ①과 ②를 기름에 데쳐낸다.
3. 팬에 기름을 두르고 뜨겁게 달구어 지면 편으로 썬 마늘, 파를 볶아 향을 낸 다음 약간장과 술을 넣어 맛을 낸 후 육수를 붓고 끓인다.
4. ③에 준비해 놓은 ①과 ②의 재료를 넣고 끓으면 물녹말을 조금 넣어 한소끔 끓여낸다.
5. 누룽지를 기름에 튀겨 그릇에 담은 후 위의 소스를 끼어 얹는다.

쿠킹포인트 〈누룽지 튀기는 법〉

누룽지는 시중에 판매되는 것도 있지만 가정에서 만들수도 있다.
① 찹쌀을 불려 두꺼운 팬에 밥을 짓는다.
② 약한불로 팬 바닥에 닿는 부분이 노르스름하게 될때까지 누룽지를 만든다.
③ 우묵한 팬에 기름이 180℃로 끓어오르면 누룽지를 넣고 튀겨낸다.
    이때 주걱으로 누룽지를 꾹 눌러 기름이 충분히 스며게 튀겨야 바삭한 맛이 살아난다.

인삼추어탕

당뇨병으로 쉽게 피로를 느끼는 사람은 미꾸라지가 좋다.
인삼은 생선의 비린맛을 제거해 주는 효과가 있다.

재료 준비하기

- 인삼 1뿌리
- 미꾸라지 200g
- 대파, 부추 적당량
- 데친 배추잎 적당량
- 고춧가루, 간장, 마늘 적당량

이렇게 만들어요

1 미꾸라지는 해감을 한 후 푹 익혀서 곱게 믹서해 둔다
2 생삼, 데친 배추잎과 대파, 부추는 길이로 썰어 고춧가루, 파, 마늘 다진 것과 간장으로 밑간을 한다.
3 육수가 끓으면 곱게 간 미꾸라지와 데친 배추잎 등 재료를 넣고 끓인다.

〈육수만들기〉
핏물을 뺀 양지머리를 굵은 파와 함께 끓여 육수를 만든다.

쿠킹포인트 배추잎과 대파는 끓는 물에 데쳐서 이용하면 한결 부드러운 추어탕을 만들 수 있다.

죽·탕류

우삼탕

재료 준비하기

- 쇠고기 300g
- 무 40g
- 대파 30g
- 생삼 30g
- 버섯 20g
- 마늘, 생강
- 고춧가루, 집간장 조금

이렇게 만들어요

1 쇠고기는 찬물에 담가 핏물을 제거하고 푹 삶아 놓는다.
2 삶은 고기를 건져서 결대로 찢어 놓는다.
3 무는 한입 크기로 썰고 대파와 생삼은 어슷썬다. 대파채, 버섯, 마늘, 생강, 고춧가루 등으로 밑간을 한다.
4 육수가 끓으면 준비해 둔 재료를 넣고 간을 맞춘 다음 한소끔 끓여낸다.

쿠킹포인트 소의 사골이나 등뼈를 푹 고아 곰탕을 만들때도
인삼을 곁들여 국물을 내면 구수한 맛과 인삼향이 잘 어우러진다.

죽·탕류

인삼신선로

재료를 조금씩만 더 준비하면 여러 그릇을 만들 수 있는 장점이 있다.

재료 준비하기
- 인삼전, 쇠고기 완자
- 표고전, 미나리초대
- 황백지단, 편육, 새우완자
- 홍초, 은행
- 호두, 소금

이렇게 만들어요
1 신선로기에 미리 부쳐 놓은 전과 재료들을 골고루 돌려 담는다
2 육수를 붓고 가운데 숯(알콜)으로 불을 지핀다

쿠킹포인트

〈인삼전〉 생삼을 납작하게 편 썰어서 밀가루를 살짝 입혀 찹쌀가루 반죽으로 지진다.

〈미나리초대〉 미나리는 잎을 떼어내고 씻어서 줄기를 가지런히 해 위와 아래에 꼬치를 꿴 후 밀가루를 묻혀서 여분을 털어낸 다음 달걀물을 입혀서 팬에 기름을 두르고 눌러서 살짝 지진다.

〈황백지단〉 달걀을 흰자와 노른자로 분리해 육수, 향신즙 1작은술, 녹말 1작은술, 고운 소금을 넣고 잘 풀어서 체에 내려 지단을 부친다.

〈새우완자〉 새우 다진 것에 양파·양송이·마늘 다진 것, 고운 소금, 흰후춧가루, 향신즙을 넣고 반죽해 은행알만하게 빚어 밀가루에 굴려서 여분은 털어내고 달걀물에 담갔다가 체에 받쳐서 팬에 굴려가면서 익힌다. 그래야 찌그려지지 않는다.

〈쇠고기완자〉 쇠고기 다진 것에 채소 다진것, 향신장, 고운 소금, 후춧가루를 넣고 반죽해서 은행알만하게 빚어 밀가루에 굴려서 여분은 털어내고 달걀물에 담갔다가 체에 받쳐 팬에 굴려가며 익힌다.

〈편육〉 2cm 폭으로 신선로 크기에 맞춰 썬다.

생삼밤꿀절임

인삼은 신비의 효능은 지녔지만 칼로리가 낮아 에너지원으로는 부족한 점이 있다.
여기에 열량을 높이고 단맛이 좋은 꿀을 곁들이면 열량 보충은 물론 장기 기능 강화에도 좋다.
강장효과가 뛰어나고 인삼 특유의 쌉쌀한 맛도 부드럽게 해준다.

재료 준비하기
- 생삼 3뿌리
- 밤 6개
- 대추 6개
- 생강 1쪽

이렇게 만들어요
1. 손질한 생삼, 대추, 밤, 생강은 두꺼운 냄비에 넣고 물 1컵과 재료가 잠길 정도의 꿀을 넣는다.
2. 약한불에 2~3시간 졸인 후 식혀 밀폐용기에 담아 냉장보관하며 사용한다.

쿠킹포인트 건더기는 다과상이나 간식용으로 이용하고
국물은 냉차로 활용하면 더욱 맛있는 건강음료가 된다.
특히 지나치게 땀을 많이 흘려 체력이 떨어졌을 때도 대단히 효과적이다.

시금치 완자탕

재료 준비하기
- 시금치 200g
- 감자 2개
- 생삼 50g
- 닭고기 100g
- 간장, 참기름
- 파, 마늘
- 소금

이렇게 만들어요
1. 시금치는 송송 썰어서 끓는 물에 데쳐서 감자국물과 간장, 참기름으로 밑간을 해둔다.
2. 냄비에 물을 붓고 끓으면 시금치와 옹심이를 넣고 한소끔 끓으면 간을 맞춰 그릇에 낸다.

〈감자옹심이만들기〉
1. 감자를 강판에 갈아 건더기만 받쳐놓는다
2. 생삼과 닭고기는 곱게 다져서 파, 마늘, 소금으로 밑간을 한 후 ①의 감자 건더기와 혼합해서 옹심이를 빚는다.

냉채류

한방인삼김치

인삼김치는 인삼과 김치의 발효과정에서 인삼이 김치의 숙성을 도와주기도 하지만 맛이 든 김치에는 변질을 지연시켜주는 효과가 있고 섬유질의 아삭함을 오래 유지시켜 주기도 한다.

재료 준비하기

- 배추 5포기
- 굵은 소금 3컵

〈김치 속 양념재료〉

- 생삼 2뿌리
- 무 1개
- 배 1개
- 미나리 1단
- 생새우 300g
- 새우젓 200g
- 마늘
- 생강
- 고춧가루 400g
- 올리고당 ½컵
- 찹쌀풀 2컵
- 죽염 3큰술

이렇게 만들어요

1. 배추를 반으로 갈라 소금물에 8~10시간 정도 절인다(여름엔 6시간 정도).
2. 절인 배추를 맑은 물로 여러번 행군 후 물기를 뺀다.
3. 배추속 양념을 고르게 배추에 버무린 후 실온에 하룻밤 재웠다가 냉장보관 한다.

〈김치 속 양념재료〉

재료를 채 썰어서 고춧가루와 혼합하여 5시간 정도 숙성시킨 후 배추에 버무리면 좋다.

〈육수〉

황기, 오가피, 유근피, 헛개나무, 다우기, 대추, 감초 등을 넣어 푹 달여낸 국물.

톡톡톡

〈발효식품 김치〉

우리식품에서 김치와 된장, 젓갈은 대표적인 발효식품으로 꼽고 있다. 발효(fementation)란 무엇인가?
일반적으로 영양소(단백질, 탄수화물, 지방 등)를 소비하여 생성되는 대사산물, 즉 제3의 물질로 생성시키는 물질을 효소라고 한다.
김치속에 들어있는 당분이나 셀룰로이스를 세균으로 효소를 만들어 유산균(젖산)이 생성되고 이 과정이 진행됨으로 삭고 익는 숙성과정을 겪으면서 김치의 독특한 향기, 맛, 색깔, 조직감 등이 완성되고 김치가 갖는 최고의 관능적 품질을 지니게 된다.

쿠킹포인트

〈배추자르기와 절이기〉

배추의 두꺼운 머리부분과 줄기는 소금을 직접 뿌려 절여 주는 것이 좋다.
배추를 자를 때에는 배추의 결이 부채 모양이기 때문에 칼로 끝까지 자를 경우 배추 끝부분의 날개가 다 떨어지므로 반드시 나머지 반은 손으로 자른다.

인삼백김치

재료 준비하기
- 배추 5포기
- 굵은소금, 죽염

〈김치속양념재료〉
- 생삼 2뿌리, 밤 10개
- 대추 10개, 석이, 마늘
- 생강, 미나리, 실고추
- 생새우 300g, 새우젓 200g
- 감자 삶은 육수 5컵
- 홍삼진액 1컵

이렇게 만들어요
1. 배추는 인삼김치와 동일한 방법으로 손질하여 준비한다.
2. 양념 속을 버무려 넣고 실온에 하룻밤 재운 후 냉장보관한다.

인삼약(물)김치

물김치는 국물 맛이 좌우하므로 가급적 생수를 쓰되, 수돗물일 때는 하루 정도 놔두었다 사용한다.
가을에 보름 정도, 여름에는 2~3일 정도면 맛있게 익는다.

재료 준비하기
- 생삼 1뿌리, 생마, 배추 ½포기
- 무 반개, 홍초 1개, 잣
- 소금, 마늘, 생강 적당량
- 미나리 500g, 대추 2개

〈육수〉
- 양파 1개, 대파 1뿌리
- 고추씨 100g, 다시마 ½장
- 생감자, 홍초 5개, 인삼 50g
- 감초 1톨, 홍화씨 50g

이렇게 만들어요
1. 깨끗이 손질된 생삼, 배추, 무를 적당한 크기로 썰어서 생마, 생강, 마늘, 홍초, 대추, 소금을 적당히 넣어 실온에 하룻밤을 재운다.
2. ①에 육수를 붓고 냉장 보관한다.

〈육수만들기〉
1. 물 5ℓ에 인삼, 감초, 양파, 대파, 고추씨, 홍화씨, 홍초 5개, 다시마, 생감자를 넣고 4ℓ가 될 때까지 끓인 후 육수를 따로 받아 식힌다.

쿠킹포인트 〈싱싱한 무 고르는 법〉
무를 고를 때 속이 비었는지 찼는지 알아보는 방법은
무잎 하나를 잘라 그 단면이 파랗고 생기가 있으면 속이 차 있는 것이고,
그렇지 않고 단면이 허옇게 되어 있는 것은 속이 빈 것이 많다.

36 | 약이 되는 **인삼요리**

김치·냉채류

인삼곤짠지

인삼곤짠지는 생삼을 햇볕에 골려서 만든 저장반찬으로
밑반찬용으로 오래두고 먹을 수 있다.

재료 준비하기
- 건삼(말린삼) 100g

〈양념 만들기〉
- 고춧가루 20g
- 마늘, 생강 고운채 적당량
- 물엿, 소금 적당량

이렇게 만들어요
1. 어슷 썰어 말린 삼을 찬물에 30분 정도 불려 건져서 물기를 거둔다.
2. 양념에 골고루 버무려서 항아리에 꼭꼭 눌러 담아 보관한다.

쿠킹포인트 곤짠지란 경상도 지방어로 '골림김치'라는 뜻이다.
인삼 곤짠지에 구기자를 넣어 버무리면 잘 어울리고 훌륭한 건강 밑반찬이 된다.

인삼부추김치

인삼과 부추가 어울려서 혈액순환 개선제 역할을 한다.
부추는 비타민 B_{12}와 엽산을 함유하고 있어 보혈작용과 혈액순환을 돕는 정혈과 활혈 작용도 한다.

재료 준비하기
- 부추 1단(약 300g)
- 생삼 1뿌리, 액젓 1컵

〈양념〉
- 고춧가루 50g,
- 생강, 깨, 올리고당 조금

이렇게 만들어요
1. 부추는 흐르는 물에 살살 씻어서 물기를 거둔다.(서로 부딪히면 색이 변하고 풀 내음이 난다).
2. 부추를 적당한 크기로 잘라서 액젓에 30분 정도 재우고 생삼도 채로 썰어 부추와 함께 재운다.
3. ②의 액젓을 따라 내고 양념을 혼합하여 부추에 버무린 후 항아리에 담는다.

쿠킹포인트 〈모시조개 부추국〉
모시조개살에는 담즙의 분비를 촉진하고 피로물질이 쌓이지 않도록 억제해주고
간기능도 회복해주는 천년의 타우린과 호박산이 듬뿍 들어 있으며
허약체질로 인해 간이 약할때는 부추가 좋다.

약이 되는 **인삼요리** | 37

김치·냉채류

김치인삼전골

재료 준비하기
- 인삼전, 미나리 초대
- 김치전, 다시마전
- 동태전, 감자 옹심이
- 은행, 황백지단, 김치

이렇게 만들어요
1. 전골냄비에 위의 전을 골고루 돌려 편 후 가운데에 맛이 든 김치를 소복이 담고 육수를 붓는다.
2. 끓기 시작하면 소금 간을 하고 상에 낸다.

쿠킹포인트

〈육수만들기〉 냄비에 물을 붓고 마른새우, 건멸치, 다시마, 가스오부시를 넣고 한소끔 끓으면 식을때까지 두었다가 건더기를 건져내고 육수로 이용한다.

〈인삼전〉 생삼을 납작하게 편 썰어서 밀가루를 살짝 입혀 찹쌀가루 반죽으로 지진다.

〈미나리초대〉 꼬치에 미나리를 가지런히 끼워서 묽은 밀가루 반죽을 씌워 전을 부친다.

〈김치전〉 김치국물을 꼭 짠후 밀가루 반죽을 묻혀 전을 부친다.

〈다시마전〉 마른 다시마를 물에 불린 다음 물기를 꼭 짜고 밀가루 반죽을 묻혀 부친다.

〈동태전〉 마른 수건으로 동태포의 물기를 적당히 거두고 밀가루를 얇게 발라 계란을 씌워 전을 부친다.

〈감자 옹심이〉 생감자를 강판에 갈아서 면주머니에 넣고 꼭 짜서 건더기를 따로 받아 곱게 다진 생삼을 조금 넣어 경단모양으로 빚는다.

약이 되는 **인삼요리** | 39

약이 되는 **인삼요리**

김치 · 냉채류

인삼깻잎김치

잎의 향긋한 맛이 입맛을 돋구어내는 별미 김치인데
생깻잎을 그대로 사용하면 항암 효과에 좋은 음식입니다.

재료 준비하기
- 깻잎 200g
- 소금 1TS, 고춧가루 50g

〈양념〉
- 생삼 1뿌리, 양파 ½개
- 마늘 4쪽, 대파 조금
- 고춧가루 40g
- 율무가루, 소금

이렇게 만들어요
1. 깻잎은 하룻밤 소금물에 삭힌 후 깨끗이 씻어 물기를 거둔다.
2. 깻잎을 2~3장씩 겹쳐 양념을 골고루 펴 바른다.
3. 항아리에 담아 냉장보관 한다.

〈양념만들기〉
① 냄비에 물 1컵을 붓고 율무가루를 1TS씩 넣고 저어가며 풀죽을 끓인다.
② 생삼, 양파채, 마늘, 대파를 곱게 채 썰어 ①을 붓고 고춧가루와 혼합한 다음 소금으로 간을 한다.

식물상식 톡톡톡 영양소란 일시에 모두 필요한 것이 아니고 하루를 생활하는데 필요한 양이기 때문에
농축된 영양제와 보약을 한꺼번에 많이 먹는 것은 소용이 없다.
식사 끼니마다 양질의 식사를 적당량 섭취하는 것이 바람직하다.

인삼장아찌

장아찌용으로는 어린 인삼이
질기지 않고 부드러워서 좋다.

재료 준비하기
- 생삼 500g
- 국간장 1컵
- 고추장 5컵

〈무침양념〉
- 참기름
- 깨소금, 고춧가루, 꿀

이렇게 만들어요
1. 생삼은 뇌두를 떼고 손질해 햇볕에 3~4시간 꾸덕하게 건조시킨다.
2. 인삼을 항아리에 담고 국간장을 부어 삭힌다.
   (3~4일 간격으로 두세번 반복하여 간장을 끓여 식혀서 붓는다)
3. 한달 후에 간장을 조금 따라내고 고추장을 넣어 100일 정도 보관했다가 분량의
   양념에 무쳐낸다.

식물상식 톡톡톡 건강한 식생활이란?
영양을 고루 갖춘 균형있는 식사만을 의미하는 것이 아니라
음식을 먹는 태도도 포함된다.
음식을 대하는 태도가 나쁘면 소화기병 등 각종 기능장애가 생길 수 있어
건강을 기대하기 어렵다.

두릅나물인삼무침

두릅은 혈당강하 작용이 있어
당뇨병으로 혈당이 높아진 경우에 효과를 볼 수 있다.

재료 준비하기
- 두릅 200g
- 생삼 50g
- 소금
- 참기름

이렇게 만들어요
1 두릅은 깨끗이 손질하여 끓는 물에 데쳐낸다.
2 생삼은 곱게 채쳐서 소금, 참기름에 살짝 볶아 부드럽게 한다
3 물기를 거둔 두릅과 살짝 볶은 생삼을 혼합해서 소금, 참기름으로 양념해 낸다.

쿠킹포인트 두릅나무껍질은 중풍증세를 완화시켜 준다.
껍질 10g에 물 5컵을 넣어 약한 불에 졸여서 하루에 여러번 나누어 복용한다.

인삼생채

인삼은 자체 특유의 향이 강하므로
파, 마늘, 생강 등의 향신료는 조금씩만 가미한다.

재료 준비하기
- 생삼 200g

〈무침양념〉
- 고춧가루 1큰술
- 참기름 1작은술
- 깨소금 2작은술
- 소금 1작은술, 꿀 1큰술
- 물 3큰술, 식초 1큰술

이렇게 만들어요
1 생삼은 채칼로 썰거나 어슷썰기 한다.
2 고춧가루를 먼저 넣고 색깔을 입힌 후 나머지 양념을 넣고 버무린다.

톡톡톡 인삼은 내이신경계의 정상화를 꾀한다.
혈관의 탄력성을 높이고 혈류를 좋게 하는 식품은
신진대사 촉진 효과가 있는데 인삼이 이에 속한다.

44 | 약이 되는 **인삼요리**

인삼해파리냉채

당뇨병에는 인삼을 가미한 해파리냉채,
인삼메밀전, 인삼호박죽 등이 도움이 된다.

재료 준비하기
- 해파리 200g, 생삼 100g
- 오이 ½개, 홍초 1개
- 소금 1작은술
- 설탕 3큰술, 식초 2큰술

〈겨자소스〉
- 발효겨자 ½큰술
- 레몬즙 1큰술
- 꿀 1큰술

이렇게 만들어요
1. 해파리는 따끈한 물에 30분 정도 담가 짠맛을 우려낸 후 찬물에 헹궈서 건진다.
2. 물 1컵, 소금 1작은술, 설탕 3큰술, 식초 2큰술로 단촛물을 만들어서 간이 배도록 해파리를 잠시 담가 둔다.
3. 생삼, 오이, 홍초는 채 썰어서 해파리와 버무린 후 접시에 담아 겨자소스를 냉채위에 얹어 낸다.

톡톡톡 인삼 사포닌 배당체는 췌장의 인슐린 분비를 촉진하여 혈당치를 내린다. 갈증, 탈력감(脫力感), 다뇨(多尿), 가려움 등의 증상에 효험이 있고 항스트레스 작용도 있다.

인삼물미역냉채

인삼, 된장, 참깨는 간기능을 크게 높여주는 식품이다. 또 된장은 니코틴 방사성물질을 추출하는 작용을 하고 참깨는 리놀산 등의 불포화지방산이 풍부해서 피를 맑게 해주는 정혈효과가 크다.

재료 준비하기
- 생삼 1뿌리
- 물미역 200g
- 대파 조금, 홍초 반개

〈된장소스〉
- 된장 2큰술,
- 깨소금 1큰술,
- 고춧가루 ½작은술

이렇게 만들어요
1. 물미역은 데쳐서 찬물에 헹군다
2. 생삼, 대파, 홍초는 채쳐서 데쳐 놓은 물미역과 혼합하여 된장소스에 버무려서 낸다

쿠킹포인트 물미역은 깨끗이 씻어 끓는 물에 넣어 파랗게 되면 얼른 건져 찬물에 헹군다.

46 | 약이 되는 **인삼요리**

김치 · 냉채류

인삼모듬냉채

귀한 손님상에 품격있는 술안주로 제격이다.
생삼냉채는 시원한 꿀겨자소스를 곁들이면 쌉쌀하면서도 톡 쏘는 맛이 입맛을 돋우고
피부를 윤기나게 해 미용, 스테미너식으로 훌륭하다.

재료 준비하기
- 생삼 2뿌리
- 닭다리 1개
- 해파리 무침, 해삼전, 양상추
- 당근채, 오이채, 무채
- 마늘, 생강, 간장

〈꿀겨자소스〉
- 꿀 1큰술
- 발효겨자 ½큰술
- 간장 2큰술, 깨소금

이렇게 만들어요
1. 닭다리는 마늘, 생강, 간장으로 밑간을 한 후 달궈진 팬에 지져서 식힌 후 편썰기 하여 가지런히 담는다.
2. 생삼은 손질하여 어슷썰기하여 가장자리에 보기좋게 올린다.
3. 해파리무침은 양상추, 야채를 깔고 소복이 담는다.
4. 해삼전과 채 썬 야채도 모양있게 담아서 꿀겨자소스를 곁들인다.

쿠킹포인트 해파리무침은 물이 많이 나오기 때문에 먹기 직전에 무치는 것이 좋다.

인삼정과샐러드

인삼정과는 정력에 좋다 하여
예부터 규방의 은밀한 음식으로 전해 내려 왔다.

재료 준비하기
- 인삼정과 100g
- 양상추 200g, 오이 50g
- 생삼채 80g

〈소스〉
- 레몬 1개, 식초, 올리고당
- 소금 약간

이렇게 만들어요
1. 양상추, 오이, 생삼채를 적당한 크기로 썰어서 식초 얼음물에 잠시 담가둔다.
2. 먹기 직전에 얼음물에 담가둔 야채를 건져 물기를 뺀 후 접시에 담고 인삼정과를 먹기 좋게 잘라 위에 올린 후 소스를 뿌려낸다.

〈인삼정과〉
① 냄비에 물과 흑설탕을 넣고 끓여 시럽을 만든다.
② 시럽에 준비한 생삼을 넣고 약한 불에서 서서히 졸인다.
③ 어느정도 졸여지면 ②에 꿀 1큰술을 첨가해 다시 5분간 졸인다.

쿠킹포인트 〈생삼정과 만들기〉
생삼을 깨끗이 손질해 두꺼운 냄비에 물, 꿀, 설탕을 1:1:1의 비율로 넣고 뚜껑을 덮고(열을 가하는 중에 뚜껑을 열면 인삼몸체가 터질 우려가 있다) 유리알처럼 아른거리고 당분이 속까지 배이도록 아주 약한 불에서 은근하게 조린다.
식으면 뚜껑을 열고 적당한 크기로 썬다.
뜨거울 때 꾸껑을 열면 표피가 터질 염려가 있다.

〈건삼정과 만들기〉
건삼을 물에 불려 표피의 주름이 펴지려고 할 때쯤에 물을 따라낸다.
다시한번 인삼이 잠길 정도로 물을 붓고 당분을 넣어 끓이다가 인삼을 넣고 생삼정과와 같은 방법으로 졸인다.
정과는 오래두고 먹을 수 있어 좋다.

김치·냉채류

가지나물인삼소스

부드러워서 치아가 약한 노약자에게 아주 좋다.

재료 준비하기
- 가지 2개, 튀김기름

〈소스〉
- 생삼채 100g
- 깨소금 1큰술
- 간장 2큰술
- 올리고당
- 대파채, 홍초채

이렇게 만들어요

1 깨끗한 가지를 튀김기름에서 익힌 후 꺼내어서 바로 찬물에 담근다.
2 가지 껍질을 벗긴 후 가지런히 썰어서 접시에 담고 소스를 위에 얹는다.

〈소스〉
간장 2큰술에 올리고당, 깨소금을 넣어 어우러지게 저은 후 생삼채와 대파채, 홍초채를 넣어 섞는다.

쿠킹포인트 〈가지 튀기는 법〉
가지를 튀길 때는 물기를 완전히 거두고
송곳이나 젓가락으로 중간중간에 구멍을 몇군데 뚫어 속까지 기름이 스며들게 한다.

인삼골뱅이냉채

인삼은 간 기능, 신장 기능을 높이며
노화물질의 축적을 억제하고 피로를 회복시켜준다.

재료 준비하기
- 골뱅이(통조림) 200g
- 생삼 70g, 대파 50g, 밤 5개
- 홍초 1개, 고춧가루 50g

〈소스〉
- 홍초 1개
- 레몬즙(혹은 식초) 2큰술
- 올리고당 1큰술
- 참기름 1작은술, 소금 조금
- 깨소금, 마늘 다진것 적당량

이렇게 만들어요

1 골뱅이는 적당크기로 썰고 생삼은 납작하게 썰어서 고춧가루를 넣고 주물러서 색이 배이도록 한다.
2 밤은 편으로 썰고 대파, 홍초는 고운채로 썰어서 찬물에 잠시 담가두었다가 건진다.
3 볼에 ①과 ②를 넣고 소스로 가볍게 버무린 후 접시에 담아낸다.

〈소스〉
갈아 놓은 홍초에 고춧가루, 마늘 다진 것, 소금, 올리고당, 식초, 참기름을 넣어 잘 섞는다.

쿠킹포인트 인삼 특유의 쌉싸름한 맛이 해물의 비린 맛을 중화시켜준다.

김치·냉채류

인삼구절판

구절판은 음식을 담는 기명(器皿)을 말하기도 하는데 각각의 색깔이 잘 어울리도록 담는 것이 중요하다.

재료 준비하기

- 생삼 50g
- 표고 50g
- 오이
- 황백지단
- 당근
- 석이버섯
- 쇠고기
- 간장, 참기름
- 마늘, 소금

〈밀전병 만들기〉
- 밀가루
- 소금, 물

〈겨자장 만들기〉
용기에 겨자가루 2큰술, 물 1큰술, 식초 1큰술, 설탕 1큰술을 개어서 뜨거운 밥솥뚜껑위에 잠시 엎어두어 매운맛을 낸다.

이렇게 만들어요

1. 생삼은 채쳐서 참기름, 소금으로 살짝 볶아 식힌다.
2. 표고, 쇠고기, 석이버섯은 각각 채썰어서 간장, 참기름, 마늘을 넣고 볶아낸다.
3. 오이, 당근은 곱게 채썰어서 소금으로 간을 하고 팬에 기름을 조금 넣어 살짝 볶아 빨리 식힌다.
4. 황백지단을 부쳐서 곱게 채썬다.
5. 밀가루는 소금으로 간하고 묽게 반죽해 팬에 기름을 조금 두르고 한 숟가락씩 떠서 둥글게 밀전병을 부친다.
6. 구절판 용기에 준비한 재료를 가지런히 담고 가운데 밀전병을 올리고 겨자장을 곁들인다

쿠킹포인트 밀전병은 팬에 기름을 조금만 두르고 약한 불에서 부친다. 밀가루를 갤때 물에 녹차가루나 치자물, 고춧가루 물을 섞으면 다양한 색깔을 낼 수 있다.

약이 되는 **인삼요리**

인삼밀쌈말이

재료 준비하기

- 생삼 100g
- 당근, 석이버섯
- 표고 약간
- 참기름
- 소금
- 밀가루
- 겨자장

이렇게 만들어요

1. 생삼, 당근, 표고버섯은 곱게 채 썰어서 참기름, 소금으로 밑간한 후 살짝 볶아 식힌다.
2. 석이버섯은 곱게 다지고 시금치, 당근은 곱게 갈아 즙을 내 각각 밀가루 반죽한다.
3. 밀가루를 묽게 반죽해 밀전병을 부쳐서 뜨거울 때 가장자리에 ①의 재료를 가지런히 올리고 돌돌 말아 보기좋게 접시에 낸다.

쿠킹포인트 밀전병을 부칠 때 시금치 갈은 것, 당근 갈은 것으로 여러가지 색을 낼 수 있다.

인삼탕평채

새야 새야 파랑새야 녹두밭에 앉지마라
녹두꽃이 떨어지면 청포장수 울고간다.

재료 준비하기

- 생삼 50g
- 청포묵 1모
- 쇠고기 100g
- 오이, 김가루, 간장
- 참기름, 깨소금
- 식초, 설탕, 소금
- 파, 마늘

이렇게 만들어요

1. 청포묵은 굵직하게 썰어 간장 1스푼, 참기름 ½스푼으로 밑간을 해둔다.
2. 쇠고기는 간장, 파, 마늘, 참기름으로 살짝 볶아둔다.
3. 생삼, 오이는 채썰어 소금, 식초 설탕에 재운다.
4. 청포묵을 접시에 담고 준비한 쇠고기, 생삼, 오이, 김가루, 깨소금 순으로 보기 좋게 담는다.

쿠킹포인트 〈인삼은 음식에 얼마정도 넣어야 적당할까?〉
주재료가 될 때에는 그에 따라 다르지만 배합제로 가미할 경우는
생삼은 10~20% 정도
건삼은 5~10% 정도가 적절하다.

약이 되는 **인삼요리**

김치·냉채류

인삼가오리회무침

가오리에 있는 베타인과 타우린 성분은 체내의 콜레스테롤의 양을 떨어뜨리고
간장의 콜레스테롤 대사를 촉진하는 특성이 있어 성인병 예방에도 효과적이다.

재료 준비하기
- 가오리 ½마리
- 단촛물, 양념장
- 오이 ½, 배 ½개
- 생삼 1뿌리, 미나리,

〈단촛물〉
- 물 : 설탕 : 식초=1 : 1 : 1

〈양념장〉
- 고춧가루 2큰술
- 고추장 1큰술
- 올리고당 1큰술
- 참기름 ½큰술
- 약선간장 1큰술
- 다진파, 마늘, 깨소금 조금

이렇게 만들어요
1. 손질한 가오리를 길이 5㎝, 폭 1㎝정도 썰어서 단촛물에 30분 정도 재워둔다.
2. 생삼은 채썰어 놓고 오이는 채 썰어 소금물에 살짝 절여 꼭 짜고 배도 채썰어 단촛물에 담가둔다
3. 단촛물에 담궈둔 가오리는 한번 헹구어서 물기를 꼭 짠 후 ②의 재료와 함께 오목한 볼에 담아 양념장을 넣어 골고루 섞어낸다.

쿠킹포인트 〈인삼 약간장〉
간장 1ℓ 에 인삼 200g, 다시마 ½장, 양파 ½개, 물 2컵, 대추 5개,
감초 1쪽을 넣고 물 2컵 분량으로 줄 때까지 끓이다가 건더기를 받쳐낸다.

인삼보푸라기무침

인삼은 기와 혈이 부족해진 노년층에 아주 좋다.
치아가 약한 노인식으로 인삼보푸라기에 명란젓을 섞어서 저장해 두었다가 이용해도 좋다.

재료 준비하기
- 생삼 300g
- 소금 ⅔큰술
- 올리고당 또는 꿀 3큰술
- 식초 1큰술
- 참기름 1큰술
- 고운 고춧가루

이렇게 만들어요
1. 손질한 생삼은 껍질을 벗겨(볕에 1~2시간 정도 말려)물기를 거둔다.
2. 생삼은 소금을 조금 넣어 절구에 찧어 보푸라기 상태로 만들어 놓는다.
3. ②에 소금, 꿀, 식초, 참기름으로 간을 하고, 고운 고춧가루를 넣을 때에는 소금 량을 줄여서 한다.

쿠킹포인트 인삼은 수분이 많이 생기지 않기 때문에 꿀 등을 넣어 촉촉하게 하는 것이 좋다.

전류

약이 되는 **인삼요리**

인삼대합구이

재료 준비하기

- 대합 6개
- 쇠고기 100g
- 달걀 1개, 생새우 50g
- 생삼 100g, 생마 50g
- 밀가루 3큰술
- 생강, 마늘 1쪽씩

〈속양념〉

- 소금 1작은술
- 설탕 1작은술
- 다진파, 마늘 1큰술
- 깨소금 2큰술
- 참기름 1작은술
- 후춧가루 조금

이렇게 만들어요

1. 해감을 한 대합에 마늘, 생강을 각각 1쪽씩 넣고 대합의 입이 벌어질때까지 끓인다.
2. 대합의 입이 벌어지면 대합살을 꺼낸 후 곱게 다진다.
3. 새우, 생삼, 생마, 쇠고기도 곱게 다져서 대합살 다진 것과 섞은 후 속양념과 밀가루와 달걀을 넣고 고루 섞는다.
4. 대합속 껍질에 밀가루를 바르고 준비한 ②의 재료를 껍질 속에 채운다.
5. 석쇠에 대합을 얹고 약한 불에 구워낸 후 고명을 올린다.
6. 접시에 뜨거운 소금을 깔고 모양 있게 올린다.
    (소금을 깔면 음식이 더디게 식고 고급스러워 보인다.)

쿠킹포인트 〈고명 만들기〉
- 생삼을 다진 후 소금, 참기름으로 밑간을 한 후 살짝 볶는다(꿀을 조금 넣어도 좋다).
- 달걀을 삶아서 노른자만 체에 받친다.
- 홍초를 곱게 다진다

인삼어선

재료 준비하기

- 생선흰살 300g
- 생삼 80g, 달걀 3개
- 오이, 홍초, 소금
- 후추, 녹말분 조금

〈겨자장〉

- 갠겨자 ½큰술
- 간장 3큰술
- 식초 1큰술, 물 1큰술

이렇게 만들어요

1. 생선살은 얇게 포를 떠 소금, 후추로 밑간을 한다.
2. 생삼, 오이, 홍초는 곱게 채친다.
3. 대발위에 지단을 펴고 녹말분을 얇게 바른 후 생선포를 반듯하게 놓고 생삼, 오이, 홍초를 길이로 놓는다.
4. 김밥 말듯이 꼭꼭 말아 김이 오른 찜통에 넣어 10분 정도 쪄서 식힌다.
5. 적당한 크기로 썰어 접시에 담고 겨자장을 곁들인다.

쿠킹포인트 당근을 돌려 깎기하여 설탕물에 하룻밤 정도 재워두면 예쁜 꽃을 볼 수 있다.

인삼잡채

재료 준비하기
- 당면 200g
- 생삼 100g, 쇠고기 100g
- 표고 5장, 오이 50g
- 홍초 5개, 당근 30g
- 양파, 생강 고운채
- 참기름, 소금

〈무침양념〉
- 다진마늘 1큰술
- 올리고당 3큰술
- 참기름 1큰술
- 간장, 후추 적당량

이렇게 만들어요
1 당면은 미지근한 물에 담구어 부드럽게 한다.
2 쇠고기, 불린 표고는 채썰어 밑간을 하고 볶는다.
3 오이는 돌려 깎아 소금물에 절인 후 물기를 꼭 짠 후 살짝 볶는다.
4 당근, 홍초, 양파는 채쳐서 소금으로 간하고 참기름에 살짝 볶는다.
5 불린 당면은 끓는 물에 데치고, 팬을 달궈 생강 고운채를 볶다가 당면을 넣고 간장, 올리고당, 참기름으로 맛을 낸다
6 당면이 익으면 준비한 야채들을 넣고 무침양념으로 재빨리 무친다.

인삼잡채전

재료 준비하기
- 녹말가루 2큰술, 부침가루 1큰술
- 생강 1쪽, 남은 잡채, 식용유

이렇게 만들어요
1 먹다가 남은 잡채를 재활용하는 방법으로 잡채를 짤막하게 썰어서 녹말가루 2큰술, 부침가루 1큰술에 생감자 1개를 갈아서 잡채와 혼합하여 전을 부친다.
2 식기 전에 먹어야 부드럽고 제맛이 난다.

쿠킹포인트 더운 여름날에 냉국수를 삶아서 먹다가 남은 것을 부침용으로 이용하면 맛있는 국수전이 된다.

인삼장어튀김

동양의 문화는 끈과 인연이 깊다.
우리음식에도 끈으로 묶어 놓은 음식이 더 귀하게 보여진다.

재료 준비하기

- 장어 1마리
- 생삼 1뿌리, 깻잎
- 간장 2큰술, 포도주 1큰술
- 고추기름, 후추
- 녹말가루, 밀가루
- 튀김기름

〈겨자 간장〉

간장 : 겨자 : 물 : 꿀
=1 : 1 : 1 : 1

이렇게 만들어요

1 손질한 장어는 길이로 썰어 간장 2큰술, 포도주 1큰술, 고추기름, 후추에 재워 잠시 간이 배이도록 한 후 녹말을 묻혀 튀김기름에 튀겨 건져낸다.

2 생삼은 길이로 썰어 깻잎을 펴서 밀가루를 얇게 바르고 장어, 인삼을 돌돌 말아 인삼뿌리로 묶는다.

3 깻잎 표면에 녹말가루를 얇게 입히고 튀김기름에 다시 살짝 튀겨 낸다.

인삼새우튀김

모시적삼을 입은 듯이 보일듯 말듯 인삼과 새우가 속삭인다.
차~암 맛있다고…

재료 준비하기
- 생삼 2뿌리
- 생새우 100g
- 부추, 밀가루, 달걀
- 빵가루, 튀김기름, 소금
- 마늘, 후추

〈초간장〉
진간장 : 식초 : 설탕 : 물
=1 : 1 : 1 : 1

이렇게 만들어요
1 생삼은 몸체를 어슷썰기 한다.
2 생새우는 곱게 다져서 소금, 마늘, 후추로 간을 한다.
3 인삼과 인삼 사이에 밀가루를 얇게 바르고 ②를 펴서 속을 채운 다음 데친 부추로 띠를 묶는다.
4 밀가루, 달걀물, 빵가루 순서로 옷을 입히고 튀김기름에 튀겨 낸다.

약이 되는 **인삼요리**

인삼마전

청렴한 선비 같이 겉과 속이 투명하여 '선비적'이라고도 부른다.

재료 준비하기
- 생삼 50g
- 생마 100g
- 감자 1개, 밀가루 1큰술
- 식용유, 소금

〈고명〉
- 검은깨, 홍초, 소금

이렇게 만들어요
1. 생삼은 곱게 채친다.
2. 마, 감자는 강판에 갈아서 밀가루 1큰술, 소금으로 간을 한 후 채 친 생삼을 넣어 섞는다.
3. 팬이 달궈지면 기름을 두르고 ②를 1큰술씩 떠 넣고 검은깨, 홍초 등 고명을 얹어 앞 뒤로 뒤집어 지진다.

톡톡톡 마는 전립선 기능을 완화하고 성기능을 강화시킨다.

인삼쇠고기장떡

된장의 재료인 콩은 현대인에게는 신비의 작물로 인식되고 있다. 콩에 함유되어 있는 기포성 물질인 사포닌 성분은 생체내의 과산화 지질의 형성을 막는 기능을 갖고 있어 노인성 치매현상을 예방한다.
또 최근에는 에이즈 바이러스 감염을 저해하는 작용까지 밝혀지고 있다.

재료 준비하기
- 쇠고기 200g
- 생삼 100g
- 홍초, 풋고추 각 2개씩
- 된장 2큰술
- 찹쌀가루, 밀가루 각 1큰술씩
- 달걀 1개, 깨소금, 참기름
- 후추, 다진파, 마늘

〈인삼기름〉
- 생삼 또는 건삼, 튀김기름

이렇게 만들어요
1. 쇠고기, 생삼, 풋고추, 홍초는 각각 곱게 다진다.
2. ①의 재료에 찹쌀가루, 밀가루, 된장, 달걀을 넣고 깨소금, 참기름, 후추, 다진 파, 마늘 등 양념을 넣어 장떡 반죽을 한다.
3. 팬에 인삼기름을 두르고 장떡 반죽을 한술씩 떠서 약간 도톰하게 지진다.

인삼기름만들기
1. 냄비에 기름을 붓고 인삼(생삼이나 건삼)을 적당량 넣고 기름이 끓기 시작하면 불을 끄고 식힌다.

약이 되는 **인삼요리**

인삼무메밀전

무는 전분의 소화를 돕는 효소가 많이 포함돼 있으므로 밥을 주식으로 하는
우리 식생활에서 무를 자주 먹는 것은 매우 합리적인 식습관이다.
메밀은 열을 내리고 기생충을 제거해 줄 뿐 아니라 인삼의 쌉싸름한 향과 잘 어우러진다.

재료 준비하기
- 무 300g
- 메밀가루 50g
- 인삼가루 10g, 소금
- 밀가루, 부침기름

이렇게 만들어요
1. 무는 한 입 크기로 도톰하게 썰어 채반에 쪄 낸다.
2. 메밀가루와 인삼가루는 소금으로 간을 해 부침반죽을 만든다.
3. 무에 밀가루를 얇게 입히고 ②에 적셔 전을 부쳐 낸다.

인삼쇠고기말이

쇠고기의 주성분은 단백질로 성장에 필요한 아미노산이 골고루 들어 있고
인삼은 뇌파를 자극하는 성분이 있어 졸음을 쫓고 시력이나 기억력 감퇴를 개선하는데 도움을 주므로
성장기 건강식으로 권장할 만한 음식이다.

재료 준비하기
- 쇠고기 300g
- 생삼 2뿌리
- 다시마 1장
- 소금, 참기름, 실

〈고기양념장〉
- 진간장, 꿀
- 마늘다진 것

이렇게 만들어요
1. 쇠고기는 얇게 포를 떠서 고기 양념장에 잠시 재운다.
2. 생삼은 길이로 썰어서 소금, 참기름으로 밑간을 하고 다시마는 미지근한 물에 불려서 물기를 제거한다.
3. 쇠고기를 펴서 다시마를 깔고 그 위에 생삼채를 가지런히 올리고 돌돌 말아 실로 꿰어서 묶어 고정 시킨다.
4. 팬에 고기양념과 물을 조금 넣고 고기말이를 살살 굴려가며 조린다.

쿠킹포인트 손님상에 낼 때는 미리 만들어서 냉장보관했다가 먹기 좋을만큼 데워서 내어도 좋다.

| 약이 되는 **인삼요리**

전류

인삼김치크로켓

영양도 풍부하고 부드러워
어린이나 수험생 간식으로 권장할 만하다.

재료 준비하기

- 생마(마가루) 50g
- 생삼 50g, 감자 100g
- 김치 100g, 참기름
- 연근 50g, 소금
- 밀가루, 달걀
- 빵가루, 튀김기름

이렇게 만들어요

1 감자는 깨끗이 씻어 껍질째 삶아 익으면 껍질을 벗기고 소금을 조금 넣고 으깨어 체에 내린다.
2 김치는 꼭 짜서 송송 썰어 참기름으로 무친다.
3 생삼, 마, 연근은 믹서기에 갈고 으깬 감자, 김치를 함께 넣어 반죽을 해서 완자 모양으로 빚어 놓는다.
4 볼에 달걀물을 풀어 적신 후 빵가루를 입혀서 180℃의 기름에 튀겨 낸다.

쿠킹포인트 〈야채 삶는 법〉
시금치, 미나리, 쑥갓 등은 물이 끓기 시작하면 넣고 살짝 데치듯이 삶아야
비타민이 녹아나오지 않고 씹히는 맛도 좋다.
반대로 감자, 고구마, 무 등 뿌리채소는 처음부터 찬물에 넣고 삶아야
속과 겉의 온도 차이가 생기지 않기 때문에 설익거나
겉만 너무 물크러지게 익는 것을 막을 수 있다.

인삼두릅전

따스한 봄날 햇살아래 향긋한 인삼두릅전 한 입에
인삼 막걸리 한 모금 곁들이면 풍류가 금상첨화라.

재료 준비하기

- 생삼 2뿌리
- 두릅 200g
- 찹쌀가루
- 밀가루, 식용유, 소금
- 참기름, 꼬치, 초고추장

이렇게 만들어요

1 생삼은 길이로 썰어서 두릅과 참기름, 소금으로 밑간을 해 놓는다.
2 생삼, 두릅순으로 꼬치에 끼고 밀가루를 앞뒤에 살짝 바르고 찹쌀반죽물에 적셔 팬에 지진다.
3 접시에 담을 때는 꼬치를 빼내고 보기 좋게 썰어서 초고추장을 곁들인다.

톡톡톡 두릅은 고유의 향미가 짙고, 칼슘 마그네슘 등의 미네랄과
비타민 A·B·C가 풍부해 각종 성인병 예방치료에 널리 쓰이며
특히 당뇨병에 탁월한 효과가 있는 것으로 알려져 있다.

인삼섭산적

가족들이 입맛을 잃었을 때 건강에 좋은 인삼으로
음식을 만들어 꾸준히 먹으면 약이 된다.

재료 준비하기

- 생삼 2뿌리
- 찹쌀가루 ½컵
- 송화가루 ¼컵
- 흑깨가루 ¼컵
- 꿀 2큰술
- 소금, 식용유
- 밀가루, 물 약간, 초간장

이렇게 만들어요

1 생삼은 편으로 어슷 썰어 소금을 약간 뿌려 잠시 둔다.
2 찹쌀가루는 소금으로 간해 묽게 반죽한다.
3 생삼에 밀가루를 살짝 입히고 찹쌀반죽에 적셔 팬에 지진다.
4 끝부분에 꿀을 입히고 송화, 흑깨를 묻혀서 접시에 담고 초간장을 곁들인다.

쿠킹포인트 찹쌀반죽은 서로 잘 붙는 성질이 있으므로 팬에 지지거나 접시에 낼 때 주의한다.

인삼부추튀김

정월 초순에 소중한 분들께 복을 주는 테마음식으로 이용해도 좋다.
인삼과 부추는 몸이 찬 사람에게 좋고 볶거나 튀겨서 먹으면 카로틴 흡수를 더 높여준다.

재료 준비하기

- 굵은부추 1단
- 생삼 2뿌리
- 튀김기름, 가는 국수

〈튀김옷〉

- 밀가루 3큰술
- 녹말가루 3큰술
- 달걀 2개, 소금 1작은술

이렇게 만들어요

1 손질된 부추는 3가닥씩 나누어서 8cm 길이로 3번쯤 접으면서 생삼채를 사이에 끼운다.
2 데친 부추 한가닥으로 풀리지 않게 묶어둔다.
3 튀김옷을 입혀서 170℃의 튀김기름에 얼른 튀겨서 기름을 뺀다
4 국수를 김 띠로 모양을 잡고 뜨거운 기름에 살짝 넣었다가 접시에 담은 후 튀긴 부추를 올린다.

쿠킹포인트 묶음을 크게 만들면 튀길 때 속이 덜 익고 속을 너무 다 익히면 표면이 모양 없게 되므로 주의한다.

약이 되는 **인삼요리**

전류

생삼튀김

갓 캐낸 생삼으로 튀김을 하면
알싸하고 향긋한 맛이 일품이다.

재료 준비하기
- 생삼 200g
- 소금 약간, 밀가루
- 튀김기름

이렇게 만들어요
1. 생삼은 작은 것으로 골라 깨끗이 손질하여 물기를 거둔다.
2. 밀가루에 소금간을 해 튀김옷을 만든다.
3. 손질해 놓은 생삼에 밀가루를 살짝 입히고 튀김옷을 입혀 얼른 튀겨 낸다.

쿠킹포인트 〈생삼을 튀길때는…〉
튀김옷을 만들 때 얼음물을 이용하면 튀김이 더욱 바삭해지며
생삼을 180℃의 식용유에 1분 이내에 튀겨 내야
연하고 뒷맛이 매우 향기로운 인삼튀김이 된다.
튀김기름으로는 포화지방이 적고 불포화 지방산이 많은 포도씨 기름, 홍화유,
해바라기씨 기름 등을 사용하면 느끼한 기름맛이 덜 하기 때문에
인삼 고유의 향미를 살릴 수 있다.

인삼북어산적

인삼, 북어, 쇠고기 등 여러가지 재료가 섞여 맛과 색이 다채로운 산적은
노인이나 어린이에게 좋다.

재료 준비하기
- 북어 2마리
- 생삼 2뿌리
- 쇠고기 100g
- 파, 마늘
- 참기름, 간장
- 밀가루, 찹쌀가루
- 식용유, 초고추장

이렇게 만들어요
1. 손질한 북어는 4㎝ 길이로 썰어 토막을 낸다.
2. 토막낸 북어는 간장, 참기름, 파, 마늘 다진 것으로 밑간을 한다.
3. 쇠고기는 곱게 다져서 참기름, 파, 마늘로 밑간을 하여 치대어 놓는다
4. 북어에 밀가루를 묻히고 생삼 편썬 것과 쇠고기 양념한 것을 차례로 붙여 찹쌀 가루를 앞뒤로 솔솔 뿌린 후 팬에 지진다.
5. 접시에 보기 좋게 썰어서 담고 초고추장을 곁들인다.

쿠킹포인트 북어산적은 팬에 지지기도 하지만 찜기에 보를 깔고 쪄도 좋다.
북어와 쇠고기는 간이 잘 배도록 미리 양념을 해서 재어두는 것이 좋다.

전류

인삼육편

재료 준비하기
- 닭 1마리
- 명태 1마리
- 물 10ℓ
- 쌀뜨물

〈양념〉
- 소금 1TS
- 마늘 3톨
- 대파 ½개
- 생강 1톨

〈고명〉
- 대추 3개
- 잣 조금

이렇게 만들어요

1 명태는 씻어서 쌀뜨물에 하룻밤 불려 큼직하게 토막을 낸다.
2 닭은 깨끗이 손질하여 명태와 함께 푹 끓인다.
3 뼈가 저절로 떨어질 정도로 충분히 익으면 닭과 명태를 건진 후 살만 발라 놓고 뼈는 도로 냄비에 넣어 연골이 녹아 형태가 없어질 때까지 푹 끓여서 체로 거른다.
4 생삼은 다지고 닭살과 명태살은 대파, 마늘, 생강, 소금으로 양념을 하여 고루 무쳐 걸러낸 국물과 함께 살짝 졸인다.
5 틀에 넣어 대추, 잣 곱게 다진 것을 위에 고명한 후 차게 굳힌다.

> **쿠킹포인트**
> **인삼손질법**
> ① 생삼의 손질 중 가장 기초적인 것이 겉의 흙과 먼지를 깨끗이 닦아 내는 단계. 물에 오래담궈 두면 사포닌 성분이 물에 빠져나가므로 주의한다.
> ② ①의 흙을 대충 닦은 다음 칫솔을 사용해 흐르는 물로 사이사이에 낀 흙까지 잘 닦아 낸다.
> ③ 잔뿌리를 다듬는다. 미삼이라고도 불리는 잔뿌리는 쓴맛이 강해 요리 전에 잘라 내지만, 물에 충분히 우려 쓴맛을 뺀 후 나물로 무쳐 먹거나 말려 두었다가 차를 끓일 때 함께 넣기도 한다.
> ④ 뇌두 부분을 잘라 낸다. 일반적인 요리에 인삼을 사용하는 경우 대부분 용두를 잘라 내는 것이 기본이지만, 정과 등 모양새를 살리는 요리에는 그대로 쓰는 경우도 있다.
> ⑤ 인삼이 통째로 들어가는 요리 외에, 일반적인 요리에 가장 많이 쓰는 손질법은 둥글게 썰기. 몸통을 가로로 놓고 얄팍하게 저민다. 구이를 할 때는 길이로 얄팍하게 썰기도 한다.
> ⑥ 샐러드나 말이, 꼬치구이를 할 때는 몸통을 길이로 채썰어 적당한 굵기로 사용한다.
> ⑦ 서양식으로 응용해 소스나 잼을 만들 때는 잘게 다진다. 길이로 가늘게 채썬 상태에서 가로로 놓고 썰 것.

인삼갈비찜

재료 준비하기
- 쇠갈비 600g
- 생삼 1뿌리, 홍초 2개
- 꿀 2큰술

〈양념장〉
- 진간장 6큰술
- 올리고당 2큰술
- 물 6큰술, 파, 마늘 다진것

〈육수〉
- 무, 마늘, 양파, 생강
- 감초, 배

이렇게 만들어요
1. 갈비는 손질하여 찬물에 담궈 핏물을 뺀다.
2. 두꺼운 냄비에 갈비를 넣고 육수를 붓고 푹 삶는다.
3. 삶은 갈비는 건져내어 양념장에 재워 둔다.
4. 육수가 식으면 소기름을 걷어 내고 양념한 갈비와 생삼편 썬 것과 꿀을 조금 넣고 육수가 거의 줄 때 까지 조린다.

〈육수만들기〉
무, 마늘, 양파, 생강, 감초, 배를 푹 졸여서 건지를 받쳐낸다.

인삼가오리찜

가오리를 먹으면 소변의 양도 많고 맑게 해주고 부기에 효과가 높다.
너무 많이 먹으면 설사를 하므로 적당량을 섭취하면 좋다.

재료 준비하기
- 가오리 ½마리
- 생삼 1뿌리
- 새송이 버섯 2개
- 팽이버섯 1개
- 대파
- 식용유

〈양념장〉
- 간장 ½큰술
- 참기름 ½큰술
- 고춧가루 1작은술
- 다진마늘, 생강

이렇게 만들어요
1. 가오리는 적당한 크기로 잘라 막걸리에 2시간 정두 담근다.
2. 팬에 기름을 두르고 가오리를 앞뒤로 지진다.
3. 우묵한 팬에 가오리를 깔고 생삼편, 새송이 버섯, 팽이버섯, 대파 채를 얹고 양념장을 두른 후 김이 오르면 나머지 양념장을 얹고 잠시 물기를 조린다.

인삼돈육볶음

인삼은 콜레스테롤을 낮추고 미네랄이 풍부하며 식이섬유가 있어 돼지고기의 결점을 보완하는 역할을 한다.

재료 준비하기
- 삼겹살 400g, 생삼 1뿌리
- 표고 200g, 풋고추, 양파
- 파, 마늘, 참기름

〈양념장〉
- 고추가루 2큰술
- 고추장 1큰술, 간장 1큰술
- 청주 1큰술, 물엿
- 파, 마늘 다진 것
- 통깨, 식용유, 참기름

이렇게 만들어요

1. 삼겹살은 한입 크기로 썰어 팬에 중불로 노릇하게 구워서 그물망에 얹어 기름을 거둔다.
2. 야채는 어슷썰기 한다.
3. 팬에 참기름을 조금만 두르고 다진 파, 마늘로 향을 낸 다음 생삼, 표고, 양파, 풋고추를 넣고 볶다가 구운 삼겹살과 나머지 양념장을 넣고 가볍게 볶아낸다.

쿠킹포인트 삼겹살은 너무 오래 지지면 기름기가 다 빠져 버려 고기가 딱딱해져 맛이 없으므로 빨리 지저내야 고기에 기름이 돌고 부드럽다. 지방의 질이 좋을수록 풍미가 좋은데, 만일 기름기를 제한해야 할 사람이라면 삶아서 식힌 후 표면에 굳은 지방을 제거하고 조리하면 된다.

한국식인삼스파게티

사과의 팩틴 성분은 콜레스테롤을 낮추고 비타민 C를 보완하면서 인삼의 강한 맛을 완화시킨다.
'아침에 사과를 먹으면 의사가 없어도 된다' 는 말이 있듯이 몸에 좋은 인삼이 사과에 가세하면 건강 만점의 요리가 된다.

재료 준비하기(4인분)

- 스파게티 800g
- 인삼 1뿌리
- 인삼가루 1작은술
- 쇠고기 100g
- 양파 ½개
- 당근, 홍초, 오이 조금
- 소금, 후추, 참기름
- 사과 ½개

이렇게 만들어요

1 스파게티는 끓는 물에 삶아 살짝 헹궈둔다.
2 다진 쇠고기와 채썬 생삼, 오이, 버섯, 양파, 홍초를 참기름에 볶아 소금, 후추로 간을 한다.
3 스파게티를 참기름에 볶다가 야채를 넣고 소스와 함께 한소끔 끓여 담아 낸다.

〈소스만들기〉
토마토케첩 3큰술, 고춧가루 1큰술, 사과 1개, 고추장 1큰술, 양파 ½개, 꿀 1큰술, 인삼분말 1작은술, 소금, 후추, 매실 진액 약간을 믹서한다.

쿠킹포인트 〈스파게티 맛있게 삶기〉
① 깊이가 있고 여유가 있는 냄비와 충분한 양의 끓일 물, 굵은 소금을 준비한다.
② 물이 팔팔 끓으면 한손에 쥐고 있던 스파게티를 좌악 펴서 부채꼴이 되게 넣는다.
③ 스파게티가 서로 붙지 않도록 냄비 가장자리에 방사선 상태로 펼쳐놓고 20~30초 정도 기다렸다가 2~3회 저어 준다.
스파게티가 가라앉은 후에도 포장지에 표기된 시간보다 1~2분 전쯤 한가닥을 건져 올려 씹어 봤을 때 약간 심이 있는 것처럼 느껴지는 정도면 알맞다.

인삼칼국수

재료 준비하기
- 밀가루 300g
- 애호박 10g
- 생삼 30g, 인삼가루 30g
- 생홍초 50g
- 콩가루 50g
- 소금
- 잣
- 참깨

이렇게 만들어요

1 생홍초와 잣, 참깨, 소금 약간을 믹서기에 곱게 갈아 인삼가루, 밀가루와 혼합 반죽 한다.

2 가정용 국수기계나 손으로 밀어 면을 뽑아내어 서로 엉키지 않게 콩가루를 얇게 입혀서 펴둔다.

3 채 썰은 애호박, 생삼을 소금으로 밑간하여 참기름에 볶아 둔다.

4 냄비에 육수를 붓고 끓으면 국수를 넣고 익혀서 그릇에 낸 다음 고명한다.

쿠킹포인트 〈국수 반죽할 때〉
홍초대신 삼백초 가루나 밀가루, 율무가루를 조금씩 섞어 이용해도 좋다.
칼국수를 먹다가 남으면 버리지 말고 믹서기에 곱게 갈아서 국물이나 찌개 육수로 이용하면 구수하고 깊은 맛이 나는 국이 된다.
북어국, 미역국, 된장국, 김치찌개 등에도 이용할 수 있다.

인삼비파두부

재료 준비하기
- 두부 ⅔모, 생삼 40g
- 청경채 200g
- 생새우 5마리
- 홍초 1개, 감자 ½개
- 식용유, 소금, 후추, 참기름

〈소스〉
- 굴기름 1큰술, 물 8큰술
- 참기름, 물녹말 약간

이렇게 만들어요
1. 손질한 두부, 생삼, 새우, 홍초, 감자는 믹서에 곱게 갈아서 소금, 후추, 참기름으로 밑간을 한다.
2. 두부 양념한 것을 완자 모양으로 빚어서 황금색으로 튀긴다.
3. 튀겨낸 두부를 팬에 소스를 넣고 살짝 끓여준 다음 접시에 담는다.
4. 청경채는 작은 것으로 골라 끓는 물에 소금, 식용유를 약간 넣고 데쳐 건진 후 접시 주위에 두른다.

쿠킹포인트 두부는 구입한 즉시 사용하는 것보다 찬물에 담가 하루정도 간수를 빼고 사용하는 것이 좋다.

〈생새우 손질하기〉
새우는 껍질이 약간 단단하고 투명하며 윤기가 나고 머리가 제대로 달린 것이 싱싱한 것이다.
새우는 소금물에 깨끗이 씻은 뒤 머리와 껍질을 벗기고 내장을 제거한다.
냉동 새우를 사용할 경우에는 표면이 건조하지 않고 붉은 색을 띠지 않은 것이 좋다.

약이 되는 **인삼요리**

찜 · 볶음류

인삼잡탕밥

재료 준비하기
- 생삼 80g, 갑오징어 ½마리
- 생새우 3마리, 불린해삼 ½개
- 쇠고기 100g, 표고
- 대파, 마늘, 생강, 당근 조금씩

〈소스〉
- 진간장 1큰술, 청주 1큰술
- 물녹말 1큰술, 참기름 조금
- 육수 ½컵, 후추

이렇게 만들어요
1. 갑오징어, 불린 해삼은 손질해 먹기 좋게 썰고, 생새우도 손질해 놓는다.
2. 표고버섯은 밑둥치를 떼어내 3등분하고, 쇠고기는 먹기 좋게 썬다.
3. 팬에 기름을 넉넉히 두르고 센불에서 파, 마늘, 생강을 먼저 넣고 볶아 향을 낸 다음 손질해 놓은 쇠고기를 먼저 넣고 볶다가 ①의 재료를 넣어 재빨리 볶아낸다.
4. ②에 준비해 놓은 소스를 넣고 국물이 걸죽해 지도록 윤기 나게 볶는다.
5. 참기름을 조금 넣어 향을 더한 다음 뜨거운 밥 위에 얹어 낸다.

쿠킹포인트 〈건해삼 불리기〉
① 건해삼을 용기에 담아 깨끗한 찬물에 하루 정도 담가 놓는다(흐르는 물이면 더욱 좋다).
② 불에 올려 놓고 끓인 다음 식으면 깨끗한 찬물로 씻어 준 뒤 가위나 칼로 해삼내장을 갈라 놓는다.
③ 다음날 다시 불에 올려놓고 끓인 다음 식으면 깨끗한 찬물로 씻어 내장을 손으로 빼준 다음 다시 깨끗한 물로 씻어서 갈아주고 하루정도 후에 다시 반복한 후 손으로 만져서 부드러워 졌으면 사용해도 된다.

인삼두반장볶음

중국 사천지방에서 쓰는 매운 소스인 두반장을 이용한 음식으로
매콤한 맛이 식욕을 돋워준다.

재료 준비하기
- 돈육 200g, 생삼 40g
- 양파, 오이 각 ½개씩
- 식용유, 소금

〈두반장 소스〉
- 짜장 2큰술, 홍초 1개
- 집된장, 꿀 각 1작은술씩
- 인삼분말 ½작은술
- 양파, 감자 각 ½개씩

이렇게 만들어요
1. 돈육은 삶아서 식혀 적당한 크기로 썬다.
2. 소스는 믹서에 갈아서 식용유에 볶아둔다.
3. 오이채, 생삼채는 각각 소금에 살짝 절여둔다.
4. 팬에 기름을 두르고 센불에 돼지고기를 넣어 볶다가 생삼채, 양파를 넣은 후 소스를 넣고 한소끔 볶아서 접시에 내고 오이채, 생삼채를 두른다.

톡톡톡 두반장은 누에콩으로 만든 된장에 고추나 향신료를 넣은 것으로 독특한 매운 맛과 향기가 나는 것이 특징이다.
마파두부 등의 사천요리에 빠질 수 없는 조미료로 중국의 고추장이라고 할 수 있는데
시중에서 판매하는 것을 사서 이용해도 된다.

인삼함박스테이크

재료 준비하기
- 쇠고기, 돼지고기 100g씩
- 생새우, 흰살생선 100g씩
- 생삼 100g, 오이
- 새송이 버섯, 달걀 1개
- 식용유, 소금, 후추

〈소스〉
- 진간장, 케찹 1큰술씩
- 마늘, 양파 다진것 각 1큰술
- 참기름 1작은술
- 버터, 밀가루 1큰술

이렇게 만들어요

1. 쇠고기, 돼지고기, 새우, 생선살은 곱게 다져서 소금, 후추, 달걀 1개를 넣고 반죽하여 모양을 만든다.
2. 생삼, 오이, 새송이 버섯은 곱게 채썰어 둔다.
3. 팬에 기름을 넉넉히 두르고 만들어 둔 함박스테이크를 지져 낸다
4. 팬에 버터를 두르고 밀가루를 넣어 고소한 냄새가 날때까지 볶다가 마늘, 양파를 넣어 향을 낸 후 육수 1컵을 넣고 끓으면 케찹, 소금, 후추를 넣어 내 소스를 만든다.
5. 스테이크 용기를 달군 후 지진 함박스테이크를 올리고 소스를 부어 생삼, 오이, 새송이 버섯 채 썬 것을 올려 낸다.

쿠킹포인트 함박스테이크용 쇠고기는 육질 사이사이에 하얀 기름이 살짝 낀 꽃등심이나 상강육이 부드럽고 맛있다.
구입한 쇠고기는 가장 자리의 기름이나 얇은 막, 힘줄 등을 제거한 후 이용하는 것이 좋다.

인삼돈가스비빔밥

재료 준비하기
- 돈육 400g
- 생삼 2뿌리
- 달걀 2개, 소금, 후추
- 밀가루, 빵가루, 식용유

〈부재료〉
- 생삼, 오이
- 당근, 숙주
- 표고, 고사리, 무우
- 도라지, 단무지

이렇게 만들어요

1 생삼은 편으로 썰고 돼지고기는 0.5㎜ 두께로 썰어 소금, 후추로 밑간을 하고 두드려서 부드럽게 해둔다.
2 부재료는 각각 채썰어서 소금으로 밑간을 하고 팬에 참기름으로 볶아 식힌다.
3 손질한 돼지고기에 밀가루를 얇게 바르고 사이에 생삼을 깔고 2겹으로 붙인 다음 달걀, 빵가루 순으로 옷을 입힌다.
4 식용유에 돈까스를 튀긴 후 접시에 담고 ②를 돌려 담아낸다.
5 소스는 함박스테이크 소스 만드는 법 참조

쿠킹포인트 일상적인 돈가스는 기름에 튀기고 스프와 마요네즈가 이용된 샐러드 등이 열량을 높여서 꺼리는 사람들이 많다.
인삼돈가스비빔밥은 비빔밥 나물을 이용해서 한식과 양식을 조화시키고 여기에 수프 대신 된장찌개를 곁들여 먹는 즐거움과 건강을 생각한 요리다.

찜·볶음류

닭구이인삼소스

재료 준비하기
- 닭 가슴살 400g
- 식용유, 소금, 후추

〈소스〉
- 간장 1큰술, 물녹말 1큰술
- 생삼, 홍초, 대파
- 양파, 마늘

이렇게 만들어요
1. 닭 가슴살을 소금, 후추로 밑간해서 재워둔다.
2. 팬에 기름을 넉넉히 두르고 재워둔 닭고기를 지진다.
3. 생삼, 홍초, 양파, 파, 마늘은 잘게 다져서 팬에 기름을 두르고 센불에 볶다가 간장, 물녹말을 넣어 걸쭉하게 윤기를 낸다.
4. 지져 놓은 닭고기를 편으로 어슷 썰어 접시에 가지런히 놓고 소스를 얹어 낸다.

삼겹살인삼구이

재료 준비하기
- 삼겹살 400g
- 생삼 2뿌리, 소금
- 후추, 식용유

〈인삼된장소스〉
- 된장 1큰술
- 마늘 2쪽
- 인삼분말 1작은술
- 마요네즈 1작은술, 우유 1컵
- 땅콩, 양파, 참기름 조금

이렇게 만들어요
1. 생삼은 기름을 두르고 팬에 굽는다.
2. 생삼을 구워낸 팬에 삼겹살을 적당 크기로 썰어서 지진다.
3. 된장을 참기름에 볶아 마늘, 양파, 땅콩과 믹서기에 곱게 간후 인삼분말, 마요네즈와 혼합해 소스를 만든다.
4. 용기를 달구어서 고기, 인삼 순으로 가지런히 놓고 소스를 얹어 낸다.

쿠킹포인트 인삼의 사포닌 배당체는 열에 강해 불에 구워도 인삼 사포닌성분은 유지된다.
삼겹살을 구워 먹을 때 마늘뿐만 아니라 생삼을 어슷하게 썰어 곁들이면 고기맛이 한결 상승된다.

인삼삼겹살찜

재료 준비하기
- 삼겹살 600g
- 생삼 1뿌리, 생강 1톨
- 대파 1뿌리

〈된장소스〉
삼겹살 인삼구이의
소스 만들기 참조

이렇게 만들어요
1. 삼겹살을 토막을 내어 파, 생강을 넣고 냄비에 푹 삶아낸다.
2. 생삼은 고운채로 썰어 놓는다.
3. 삶아 놓은 삼겹살이 한 김이 나가면 칼집을 사이에 넣고 썰어서 채친 생삼, 대파로 가지런히 속을 채운다.
4. 접시에 담고 된장소스를 끼얹는다.

쿠킹포인트 돼지고기를 삶을 때에는 냄비 뚜껑을 열고 삶아야 돼지 특유의 냄새가 나지 않는다.

약이 되는 **인삼요리** | 89

인삼떡갈비

인삼 특유의 쌉싸름한 성분이 고기의 누린내를 중화시켜
한 입 크기로 만들어 준비해 놓으면 아이들의 간식은 물론 술안주로도 제격이다.

재료 준비하기

- 쇠고기 400g
- 생삼 200g
- 파, 마늘
- 소금
- 후추 조금
- 참기름
- 무, 당근
- 밀가루

이렇게 만들어요

1 쇠고기는 곱게 다져서 파, 마늘 다진 것과 소금, 후추, 참기름으로 밑간을 하여 치댄다.
2 생삼은 잔 것으로 골라 기둥으로 모양을 잡고 밀가루를 살짝 묻혀 둔다.
3 생삼을 중심으로 떡갈비 모양을 만든다.
4 약한불로 석쇠에 구워낸다.
5 무, 당근을 모양을 떠서 사뿐히 올린다.

쿠킹포인트 고기맛이 생삼에 스며들어 인삼갈비의 깊은 맛을 즐길 수 있다.

인삼돔베기불고기

돔베기라 부르는 상어고기는 장기를 보해주는 식품이다.
단백질이 20%인데 비해 지방은 0.1%로 매우 낮다.

재료 준비하기
- 상어 뱃살 400g
- 생삼 2뿌리
- 물 10큰술
- 간장 3큰술
- 청주 1큰술
- 간장·고추장 양념

이렇게 만들어요

1. 상어는 뱃살로 구입해서 토막을 내어 물 10큰술, 간장 3큰술, 청주 1큰술에 하룻밤 재워둔다.
2. 생삼과 상어를 꼬치에 끼울만한 크기로 썰어 교대로 끼운다.
3. 팬에 기름을 두르고 적당히 구운 후 간장, 고추장양념을 각각 발라서 한번 더 구워낸다.

쿠킹포인트 〈간장양념〉 간장 3큰술, 청주 1큰술, 참기름, 마늘, 생강
〈고추장양념〉 고추장 3큰술, 청주 1큰술, 참기름, 마늘, 생강

찜·볶음류

조기구이인삼소스

재료 준비하기
- 조기 1마리
- 생삼채 30g, 소금
- 후추, 식용유

〈소스〉
- 간장 1큰술
- 육수 1큰술, 물녹말 ½큰술
- 파, 마늘, 홍초 다진것
- 참기름

이렇게 만들어요
1. 깨끗이 손질한 조기는 칼집을 넣어 소금, 후추로 밑간을 한다.
2. 팬에 기름을 두르고 약한불에 앞뒤 노릇하게 조기를 구워낸다.
3. 구운조기를 접시에 담고 생삼채를 칼집 사이에 넣고 소스를 위에 얹어 낸다.
   많은 양을 할 때에는 조기를 양념해서 찜기에 쪄 내면 모양이 흐트러지지 않는다.

쿠킹포인트 〈조기구이의 칼집 넣는 법〉
조기는 칼이 뼈에 닿도록 깊고 어슷하게 칼집을 준 다음 간을 하면 간이 고루 베일 뿐 아니라 구울 때도 속까지 잘 익어 맛이 좋아진다. 생선에 칼을 옆으로 비스듬히 눕혀서 칼집을 주는데, 칼끝이 머리를 향하게 하여 칼집을 넣는다.

인삼과나비

화학식초는 침의 산도를 낮춰 탄소화물이 입에서 소화되는 것을 방해하기 때문에
화학식초 대신 레몬즙을 활용하면 좋다.

재료 준비하기
- 우럭 1마리
- 인삼분말 1작은술
- 옥수수선분 1큰술
- 소금, 후추, 식용유

〈소스〉
- 물 1컵, 레몬즙 ½개
- 진간장 1큰술, 케첩 1큰술
- 감자전분 1작은술
- 올리고당 1큰술

이렇게 만들어요
1. 생선은 칼집을 넣어가며 포를 떠서 밀대로 밀어 얇게 편 후 소금, 후추로 밑간을 한다.
2. 옥수수전분, 인삼분말 섞은 것으로 포에 얇게 옷을 입힌다.
3. 160℃의 식용유에 얼른 튀겨서 기름을 제거한다.
4. 포를 뜨고 남은 머리와 꼬리, 등뼈도 오목하게 모양을 잡아가며 튀겨내 바구니 모양을 만든다.
5. 소스가 끓으면 재빨리 생선을 넣어 버무린 후 튀겨낸 바구니에 담아 소스를 뿌려낸다.

쿠킹포인트 옥수수전분을 튀김할 때 쓰면 감자전분보다 더욱 바삭거린다.

약이 되는 **인삼요리** | 93

인삼구기자닭찜

구기자는 눈의 피로를 풀어 주고 충혈된 눈을 가라 앉힌다.
인삼과 마찬가지로 오래 복용해도 부작용이 없으며 간장을 보호한다.

재료 준비하기
- 닭 ½마리
- 구기자 100g, 생삼 1뿌리
- 석이, 은행, 소금, 후추

〈찜소스〉
- 간장 2큰술, 고추장 1큰술
- 고춧가루 1큰술
- 올리고당 1큰술
- 마늘, 생강, 물 적당량

이렇게 만들어요
1. 닭은 토막내어 찬물에 핏물을 뺀 후 물기를 거둔 후 소금, 후추로 밑간을 한다.
2. 우묵한 팬에 참기름을 두르고 구기자, 생삼편 썬 것을 살짝 볶다가 물을 조금 부은 후 간장, 고추장, 고춧가루, 올리고당, 마늘, 생강을 넣어 한소끔 끓인다.
3. 토막낸 닭고기는 160℃ 식용유에 튀겨 낸 후 찜소스를 붓고 물기가 졸 때까지 끓인다.

쿠킹포인트 〈닭 토막내기〉
닭다리는 손으로 눌러보아 연골로 되어 있는 관절 부분을 자르고
닭날개 역시 물렁뼈 사이를 자른다.
뼈가 있는 부분은 칼등으로 한 두 번 쳐서 뼈를 부러뜨린 후 자른다.
닭다리처럼 살이 두꺼운 부위는 더디 익으므로 앞뒤로 두세 군데씩 칼집을 넣어 둔다.

인삼장아찌쌈밥

무더운 한여름에 야외 도시락으로 이용하면 위생적이며,
더위를 식혀주고 잃었던 입맛을 돋워 준다.

재료 준비하기
- 인삼장아찌
- 취나물
- 밥, 소금, 참기름

이렇게 만들어요
1. 밥은 고슬하게 지어 뜨거울 때 소금, 참기름으로 밑간을 한다.
2. 취나물은 끓는 물에 살짝 데쳐서 차게 식힌다.
3. 취나물을 편편하게 펴서 밥을 적당량 올리고 위에 인삼 장아찌를 적당량 올린 다음 돌돌 만다.
4. 인삼장아찌는 p33 만드는 방법 참조

식물상식 톡톡톡 취나물은 혈액순환을 도와주고 변비를 예방한다.
취나물 대신 깻잎, 양배추, 청경채, 신선초 등을 사용해도 좋다.

인삼초밥

다시마를 찬물에 2~3시간 담가 우린 다시마물로 밥을 하면 더욱 깊은 맛을 낼 수 있으며 만들어 놓은 양념밥에 유부를 이용하면 맛깔진 유부초밥을 만들 수도 있다.

재료 준비하기
- 생삼 2뿌리
- 오이, 당근
- 달걀, 흑미, 김

이렇게 만들어요
1 흑미로 고슬하게 밥을 지어 단촛물을 섞는다.
2 오이, 당근은 잘게 다져 ①의 밥과 섞는다.
3 달걀은 지단을 부쳐 놓는다.
4 생삼은 납작하고 얇게 썰어서 단촛물에 잠시 담갔다가 건져 놓는다.
5 초밥 모양을 잡고 위에 생삼편과 달걀 지단을 적당히 잘라 얹은 후 꼭 누른다.

쿠킹포인트 단촛물은 식초, 설탕, 물을 1 : 1 : 1 비율로 섞어 만들면 된다.

인삼진주완자

많은 양을 만들어서 냉동보관했다가
전자렌지에 데워 먹으면 훌륭한 식사대용이 된다.

재료 준비하기

- 닭 가슴살 400g
- 생삼 100g
- 소금, 후추, 참기름, 마늘
- 불린 찹쌀 100g, 흑미 100g
- 수수 100g, 좁쌀 100g

이렇게 만들어요

1 닭고기, 생삼은 곱게 다져서 마늘, 소금, 후추, 참기름으로 밑간을 한 후 완자모양으로 빚어 놓는다.
2 넓은 쟁반에 불린 찹쌀, 흑미, 수수, 좁쌀 등의 곡류를 각각 펴서 완자를 굴린다.
3 찜통에 김이 오르면 서로 붙지 않게 쪄낸다.

쿠킹포인트 닭고기 이외에도 쇠고기나 돼지고기를 이용해도 된다.

98 | 약이 되는 **인삼요리**

인삼김밥

어린이들이 좋아하는 김밥을 이용한 응용요리로
사각김밥, 누드김밥 등 다양한 형태로도 만들 수 있다.

재료 준비하기
- 김밥용 김
- 인삼 장아찌
- 인삼튀김, 단무지

이렇게 만들어요
1 밥을 고슬고슬하게 지어 인삼튀김, 인삼 장아찌, 단무지를 이용해서 속을 넣은 건강식 김밥이다.

인삼정과계란찜

재료 준비하기
- 달걀 2개
- 인삼정과 썬 것
- 홍초 다진 것
- 소금, 잣
- 종이컵

이렇게 만들어요
1 달걀 2개에 동량으로 물을 넣고 소금을 조금 넣어 곱게 풀어준다.
2 종이컵에 풀어놓은 달걀물을 붓고 인삼정과 썬 것, 홍초 다진 것, 잣을 위에 올린 후 찜통에 김이 오르면 15분 정도 찐 후 꺼내어서 종이컵을 제거하고 접시에 담아낸다.

인삼새우계란찜

1 생삼 80g, 마늘 2쪽, 청주 1큰술, 물 3큰술, 소금을 조금 넣고 믹서기에 곱게 간 다음 달걀 2개를 넣고 한번 더 간다.
2 컵이나 탕기에 푼 달걀을 넣고 새우, 은행, 석이버섯으로 고명하고 약한 불에서 20분 정도 중탕한다.

쿠킹포인트 물과 인삼진액을 3 : 1 비율로 해서 계란찜을 하면 계란의 비린맛이 사라진다.

102 | 약이 되는 **인삼요리**

간식 · 안주류

인삼양념구이

인삼은 자체의 향이 강하므로 갖은 양념을 하지 않고
고추장 양념만으로도 담백한 맛을 즐길 수 있다.

재료 준비하기
- 생삼 2뿌리, 소금

〈양념〉
- 고추장 1큰술
- 참기름

이렇게 만들어요
1 생삼은 깨끗이 손질해서 길이로 납작하게 썰어 소금을 살짝 뿌려 잠시 둔다.
2 재워 둔 생삼에 고추장을 발라 석쇠에 타지 않게 구워 낸다.

쿠킹포인트 인삼 고추장 양념은 불에 잘 타므로
약한 불에 살짝 굽는다.

인삼마늘구이

꼬치에서 솔솔 빼내어 먹는 재미가 술안주로도 그만이다.

재료 준비하기
- 생삼 1뿌리
- 닭똥집 1개
- 마늘 4개

〈소스〉
- 간장 1큰술
- 고추장 1작은술
- 꿀, 참기름
- 물 적당량

이렇게 만들어요
1 생삼은 적당한 크기로 잘라서 꼬치에 끼운다.
2 닭똥집은 등분해서 뜨거운 물에 살짝 데쳐서 꼬치에 끼우고 마늘도 각각 꼬치에 끼운다.
3 넓은 팬에 소스를 넣고 끓으면 꼬치를 앞 뒤로 돌려가며 간이 배이도록 익힌다.

104 | 약이 되는 **인삼요리**

간식 · 안주류

홍삼매실조림

재료 준비하기

- 홍삼 100 g
- 매실 100 g
- 꿀 1큰술
- 간장 1큰술

이렇게 만들어요

1. 우묵한 팬에 홍삼을 넣고 물을 조금 넣어 약한 불에 한소끔 끓인다.
2. 매실은 씨를 도려내고 설탕이나 술에 100일정도 담궈 두었다가 건져내어서 한 나절 햇볕에 두어 물기를 거둔다.
3. 홍삼이 물렁해지면 매실과 꿀 1큰술, 간장 1큰술을 넣고 물기가 없어질 때까지 조린다.

쿠킹포인트 〈집에서 생삼으로 홍삼 만들기〉

① 생삼을 조심스럽게 씻는다.
② 찜통에 넉넉히 물을 부은 다음 인삼을 가능하면 서로 겹치지 않고 끓는 물에 직접 닿지 않도록 성글성글 넣은 후
   찜통내의 온도를 90℃정도로 유지하며 약한 불로 5시간 정도 증숙한다.
③ 완전히 익힌 인삼을 뿌리를 잘 펴서 채반에 널어 통풍이 잘되고 햇빛이 좋은 곳에서 말린다.
   햇살과 밤이슬을 반복해 건조하면 홍삼 조직이 치밀하게 건조된다.
④ 이틀 정도(36시간) 건조한 후 1~2개의 굵은뿌리를 제외한 나머지 잔뿌리들을 모두 가위로 떼어낸다.
⑤ 동체 인삼은 1주일 가량, 뿌리 인삼은 3~4일 가량 건조하면 홍삼과 홍미삼이 된다.
   동체 홍삼은 몸통을 절단하거나 입으로 꼭 물어서 잇자국이 나지 않으면 속까지 잘 건조 된 것이다.
   건조가 덜되면 보관 중에 상하기 쉬우므로 완전히 건조시킨다.

인삼장조림

인삼은 고기의 누린내를 제거해 준다
인삼은 간기능, 심기능을 높이며 노화불실의 축적을 억세하고 피로를 회복시켜준다.

재료 준비하기

- 사태 300 g, 물 2컵
- 생삼 1뿌리
- 풋고추 50 g
- 간장 2큰술, 술 1큰술
- 생강, 마늘 약간

이렇게 만들어요

1. 사태는 적당한 크기로 토막을 낸 다음 찬물에 담궈 핏물을 제거한다.
2. 끓는 물에 사태와 술, 생강을 넣고 삶는다.
3. 사태가 익으면 간장, 생삼 1뿌리, 풋고추, 마늘을 넣고 다시 끓인다.

쿠킹포인트 인삼 사포닌 배당체는 지방질을 미립화하여 소화를 촉진하고
인삼 특유의 쌉쌀한 성분이 고기의 누린내를 중화시켜 잡내를 제거하는 효과가 있다.

106 | 약이 되는 **인삼요리**

간식 · 안주류

인삼조란

대추는 몸을 따뜻하게 해주고 신경안정과 보혈작용을 도와주기 때문에 몸이 찬사람에게 좋고 특히 인삼과 궁합이 좋은 상생식품이다.

재료 준비하기
- 생삼 1뿌리
- 대추 5개
- 밤 5개
- 꿀 1큰술
- 소금, 잣

이렇게 만들어요
1. 생삼, 대추, 밤은 곱게 다져서 꿀에 재운다.
2. 두꺼운 냄비에 ①을 넣어 약한 불에 소금을 조금 넣고 은근하게 물기가 없어질 때까지 조린다.
3. ②가 식으면 꼭꼭 눌러 모양을 잡은 후 잣을 박는다.

쿠킹포인트 인삼조란은 경단의 속재료로 이용해도 좋다.

인삼옥수수빠스

옥수수의 씨눈에는 리놀레산이라는 고도 불포화 지방산이 들어 있어 혈액 속의 콜레스테롤 수치를 낮추는 작용을 하며 비타민, 레시틴 등이 풍부하여 동맥경화증을 예방한다.

재료 준비하기
- 옥수수알(통조림) 200g
- 생삼 50g, 생마 50g
- 식용유

〈튀김옷〉
- 밀가루, 녹말가루 각 3큰술
- 달걀 1개, 소금

〈시럽〉
- 흑설탕 1컵, 올리브유 1큰술

이렇게 만들어요
1. 옥수수알, 생삼, 마는 잘게 다져 튀김옷을 섞어서 완자모양으로 모양을 만든 후 튀김기름에 튀거낸다.
2. 약한 불에서 시럽을 만들어 ①이 뜨거울 때 재빨리 섞는다.
3. 접시에 찬물을 조금 묻혀서 옥수수빠스를 담아낸다.

쿠킹포인트 볶은 콩가루를 시럽 대신 사용하면 접시에 붙지 않고 열량도 낮출수 있다.

인삼곶감쌈

재료 준비하기
- 곶감 5개
- 호도 5개
- 생삼 1뿌리

이렇게 만들어요
1. 곶감은 말랑한 것으로 골라 반으로 펴서 씨를 제거한다.
2. 김발에 랩을 깔고 곶감 5개를 서로 이어지게 편 다음 생삼채, 호도를 넣고 돌돌 말아 랩으로 모양을 잡는다.
3. 냉동보관하였다가 적당한 크기로 썰어 접시에 담아낸다.

인삼대추말이쌈

재료 준비하기
- 생삼 2뿌리
- 대추
- 꿀

이렇게 만들어요

1 손질한 생삼은 채칼로 길이로 썰어 꿀에 재운다.
2 생삼, 대추는 돌려깎기해서 채썬 후 꿀에 재운다.
3 꿀에 재운 생삼에 대추, 생삼채를 넣고 꼭꼭 눌러 가며 말아서 모양을 잡는다.

쿠킹포인트 말아 놓은 인삼대추말이의 중심 표면을 꼬치로 고정시켰다가 상에 낼 때 빼내 모양을 유지시킨다.

인삼약편

깨고물 인절미

인삼영양떡

삼색말이떡

간식 · 안주류

인삼영양떡

재료 준비하기
- 찹쌀가루 15컵
- 소금 3큰술, 물 8큰술
- 올리고당 8큰술
- 뽕잎가루 2큰술
- 구기자가루 2큰술
- 다진 대추 2큰술, 밤
- 잣, 곶감, 인삼정과, 꿀, 설탕

이렇게 만들어요
1. 불린찹쌀은 소금을 넣고 가루를 내어서 3등분 해 놓는다.
2. 뽕잎가루, 구기자가루, 다진 대추에 각각 찹쌀가루를 넣고 밤, 잣, 곶감, 인삼정과와 올리고당을 넣는다.
3. 찜기에 김이 오르면 각각 쪄낸다.
4. 네모진 틀에 꿀을 발라 굳혀서 썰어 담는다.

인삼약편

재료 준비하기
- 멥쌀가루 5컵, 소금 1큰술
- 설탕 5큰술, 대추고 5큰술
- 인삼가루 2큰술

〈고명〉
- 대추채, 석이채, 생삼채, 잣

이렇게 만들어요
1. 불린 쌀은 가루내어 인삼가루, 대추고, 설탕을 넣어 체에 내린다.
2. 대추는 돌려깎기하고 석이, 생삼은 채썬다.
3. 찜기에 쌀가루를 얹은 후 고명을 올리고 20분 정도 찐 다음 5분 정도 뜸을 들인다.

깨고물 인절미

재료 준비하기
- 찹쌀가루 4컵, 실깨고물 4컵
- 팥 60g, 완두 60g
- 인삼조림 20g
- 인삼분말 1큰술
- 올리고당 4큰술, 꿀

이렇게 만들어요
1. 불린 찹쌀은 소금을 넣고 가루를 내어 20분 정도 찐후 펀칭기에 부드럽게 친다.
2. 팥과 완두콩은 각각 푹 삶아 걸러서 가루를 내어 꿀을 넣고 조려 앙금을 만든다.
3. 잘 쪄진 찰떡을 펴서 조린 완두앙금과 팥앙금을 위에 펴바른 후 돌돌 말아서 흰 깨가루를 묻힌 후 냉장실에 조금 두었다가 썰어서 담는다.

삼색말이떡

재료 준비하기
- 찹쌀가루 15컵
- 거피팥고물 15컵
- 인삼분말 3큰술
- 호박분말 · 쑥분말 각 3큰술씩
- 고구마분말 3큰술
- 올리고당 15큰술
- 소금 3큰술, 인삼정과

이렇게 만들어요
1. 찹쌀가루와 인삼가루를 섞은 후 3등분해서 고구마, 올리고당, 호박, 쑥분말을 넣어 골고루 섞은 후 물을 주어 체에 3번 내린다.
2. 찜통에 김이 오르면 30분 정도 찐다음 거피 팥고물을 펴놓고 찐 찹쌀을 펴서 인삼정과를 뿌린 후 돌돌말아 조금 굳힌 후 썰어 담는다.

쿠킹포인트 거피팥고물, 인삼분말, 호박분말, 쑥분말은 직접 만들기가 번거로우면 백화점 건강식품 코너나 선식코너에 가면 분말을 구입할 수 있다.

112 | 약이 되는 **인삼요리**

간식 · 안주류

인삼경단

재료 준비하기
- 찹쌀가루 5컵
- 끓는물 8큰술
- 꿀 조금
- 소금, 깨, 잣고물

〈경단속〉
- 인삼조란 참조

이렇게 만들어요
1 찹쌀은 충분히 불려 소금 간을 한 후 빻아 가루를 체에 내린다.
2 찹쌀가루를 뜨거운 물로 익반죽 한다.
3 반죽을 조금씩 떼어 속을 채워 동그랗게 빚는다.
4 끓는 물에 소금을 조금 넣고 경단을 넣고 둥둥 뜨면 건져내 찬물에 재빨리 헹군다.
5 경단에 꿀을 바르고 깨고물, 잣고물에 각각 묻힌다.

과편인삼나무

재료 준비하기
- 인삼정과 5개
- 한천 10g
- 설탕 4큰술, 생삼 2뿌리
- 녹말가루, 튀김기름
- 인삼 달인물

이렇게 만들어요
1 인삼달인 물에 한천을 녹이고 설탕을 첨가하여 졸인다.
2 모양틀에 ①을 붓고 인삼정과를 넣고 모양을 굳힌다.
3 생삼은 뿌리쪽으로 손질해서 물기를 거둔후 녹말가루를 입혀 튀김기름에 튀겨 낸다.

인삼과자

재료 준비하기
- 건삼, 꿀, 튀김 기름

〈고명〉
- 고춧가루, 송화가루
- 흰깨, 검은깨

이렇게 만들어요
1 생삼은 편으로 얇게 썰어서 햇볕에 바싹 말린다.
2 ①을 튀김기름에 튀겨서 꿀을 입힌 후 고명을 묻혀 낸다.

약이 되는 **인삼요리**

114 | 약이 되는 **인삼요리**

간식·안주류

인삼식혜

경상도 토속음식으로 한겨울에 야참으로 차게 해서 먹으면
소화도 잘 되고 얼큰하고 시원한 맛이 일품이다.

재료 준비하기

- 생삼 2뿌리
- 찹쌀 4컵
- 무 1개
- 엿기름 4컵
- 고운 고춧가루 2컵
- 물 18리터, 밤 10개
- 생강 400g,
- 잣, 땅콩 약간

이렇게 만들어요

1 엿기름을 물에 불려서 고운 체에 걸러 가라앉힌다.
2 찹쌀은 깨끗이 씻어 3~4시간 불려 놓았다가 소쿠리에 건져 찜통에 찐다.
3 생삼, 밤, 무를 작은 골패 모양으로 썬다.
4 고운 고춧가루는 엿기름 물을 조금 떠서 불려 놓는다.
5 고두밥을 충분히 쪄서 무를 혼합하면서 엿기름물과 고운 고춧가루로 색을 낸다.
6 생강을 곱게 다져 위의 재료와 함께 버무려 항아리에 넣고 보자기를 덮어 따뜻한 곳에 약 5~6시간 둔다.
7 먹을 때는 꿀을 조금 넣고 잣, 땅콩을 띄운다.

인삼감주

- 생삼 3뿌리, 찹쌀 500g, 엿기름 500g, 생강, 설탕, 물

1 엿기름을 찬물에 담가 두었다가 면주머니에 주물러서 걸러 앉힌다.
2 찰밥은 고슬하게 지어 뜨거울때 보온밥통에 넣고 앉힌 엿기름의 웃물을 붓는다.
3 5시간 전후에 밥알이 조금씩 뜨면 밥알과 함께 한소끔 끓여서 밥알은 건져내어 식히고 감주물은 생삼편, 설탕을 넣고 끓인다.
4 그릇에 감주물과 밥알을 넣고 잣으로 고명을 띄워도 좋다.

홍삼약수단

인삼을 술을 빨리 깨게하고 속을 편안하게 해준다.
꿀물에 떡을 말아 먹는 것은 요즘 사람들에겐 낯설게 들릴지 몰라도 오랫동안 내려온 여름별식이다.

재료 준비하기

- 홍삼 100g
- 찹쌀가루 1컵
- 대추 10개
- 소금 조금
- 물

이렇게 만들어요

1 홍삼의 10배 분량의 물을 부어 뭉근하게 달여 국물만 받쳐낸 후 꿀을 적당량 넣어 단맛을 내어 식힌다.
2 씨를 도려내고 곱게 다진 대추와 소금간을 해 익반죽한 찹쌀가루를 섞어서 경단을 만들어 끓는 물에 넣고 위로 떠오르면 건져낸다.
3 그릇에 홍삼 꿀물을 담고 경단을 띄워낸다.

식품상식 톡톡톡 홍삼에서 노화의 원인이 되는 지질의 과산화를 강력하게 방지해 주는 말톨(maltol)이라는 새로운 성분이 발견되었다(1978년 한병훈).

약이 되는 **인삼요리** | 115

116 | 약이 되는 **인삼요리**

인삼우무묵

재료 준비하기
- 오미자
- 물
- 채 썬 우무묵
- 생삼
- 꿀

이렇게 만들어요

1 오미자는 깨끗이 손질하여 씻어 오미자 양의 10배 되는 물을 부어 60℃ 정도의 따뜻한 물에 5시간 정도 우려낸다.

2 곱게 채 썬 우무묵과 생삼 적당량을 용기에 담고 오미자 우려낸 물에 꿀을 조금 넣은 뒤에 위에서 얌전히 붓는다.

쿠킹포인트 〈우무묵 쑤는 법〉
말린 우뭇가사리를 손질하여 냄비에 우뭇가사리의 양과
10배 되는 물을 붓고 끓인다.
중간불에 주걱으로 저으면서 거품이 생기는 것은 걷어가며 묵을 쑨다.
국자로 떠서 흘려 보아 되직하면 틀에 물을 바른뒤 부어서 굳힌다.

인삼구기자감초차

구기자는 인삼과 잘 어울리는 강장제로 간장, 신장을 건강하게 하고 요통, 무력감, 현기증, 두통 등에도 좋다.
감초의 주성분인 글리시닌은 간장기능의 강화와 해독작용을 하며
궤양발생을 억제하는 탈콜레스테롤과 동맥경화 예방작용을 한다.

재료 준비하기
- 건삼 100g
- 구기자 50g
- 생강 20g, 대추 5개
- 감초 10g, 물 10컵

이렇게 만들어요

1 손질된 재료를 토기나 유리냄비에 넣고 중불에 물이 반으로 줄 때까지 은근하게 달인다.(100℃를 넘지 않도록 은근하게 진액을 추출해야 한다.)

2 ①을 식힌 후 건더기를 받쳐 내고 물만 시원하게 마시거나 따끈하게 마셔도 좋다.

쿠킹포인트 〈인삼사과주스〉
인삼에 사과를 함께 갈아서 먹어도 좋다.
사과의 맛과 향이 좋아서 인삼을 별로 즐기지 않는 이들도 쉽게 먹을 수 있다.
특히 빈혈이 심하고 산후에 건강이 좋지 않은 여성들에게 매우 좋은 처방이다.
풍기에서 생산되는 사과는 당도가 높아 전국에서도 유명하니 풍기사과를 이용해서 한번 만들어 보자.
〈만들기〉
사과 1개를 껍질째 깨끗이 씻어 씨 부분을 도려낸 후
생삼 30g과 함께 넣고 요구르트나 생수를 조금 붓고 믹서기에 간다.

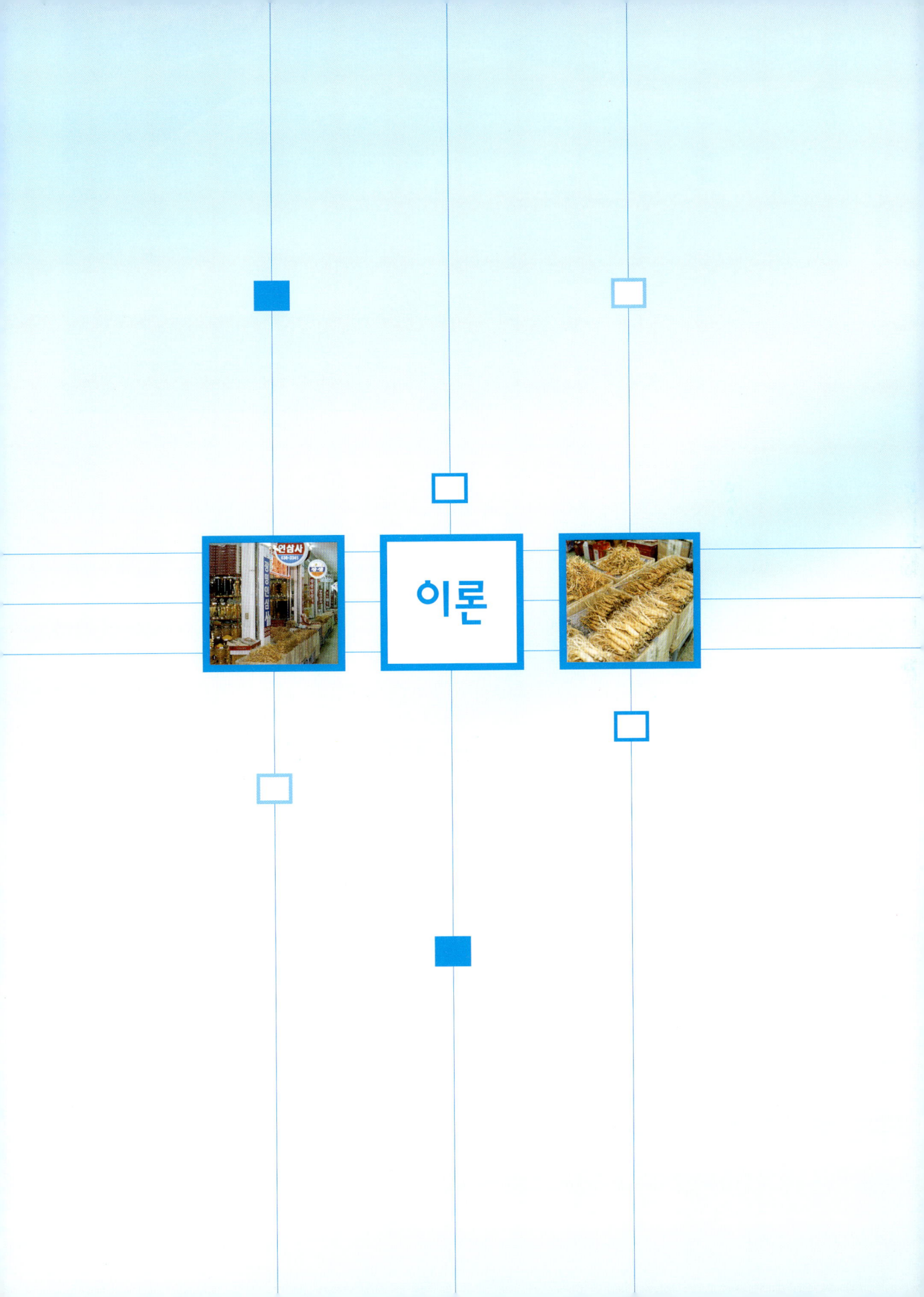

이론

1. 인삼의 역사

인삼이 강장약으로서 약물사에 등장하게 된 것은 2000년 전인 중국의 전한원제시대 (前漢元帝時代 BC48~33)의 문헌인 「급취장(急就章)」에서 처음 인삼의 「蔘」字가 소개되면서 부터이다.

또 중국 후한(AD 196~219)의 문헌 장중경(張仲景)의 「상한론(傷寒論)」에서는 한방약으로서의 인삼처방에 관한 기록이 있을 정도로 인삼은 오랜 세월 동양의학의 근본으로 맥을 이어온 신령스러운 영초이자 영물이다.

또한 한방의서의 원본이라 할 수 있는 「신농본초경(神農本草徑)」에 이르러서는 인삼의 산지, 품질을 비롯하여 그 약효와 음용 등에 관한 구체적인 설명이 있었고 야생 인삼의 자생지 등 인삼에 대한 유래도 밝히고 있다.

국내에서의 인삼 인공재배는 천여년전부터 시작되었다고 전해지고 있으나 문헌상으로는 조선 선조(1567~1608)때 인공재배하였다는 기록이 있다.

초기의 인삼재배는 산삼의 종자나 어린묘를 삼림속에 파종하거나 심어서 재배하는 방법에서 시작하였다가 그후 산간 삼림지역에서 점차 평탄지로 옮겨 오늘날의 밭에서 재배하는 해가림 재배법으로 발달되었다.

특히 인삼은 근본적으로 식물학적 특성이 재배적지에 대한 선택성이 강하여 기후토질 등 자연환경에 적당하지 않은 곳에서 인삼을 적응 생육시키는 것은 아주 어려운데 이런 점에서 우리나라는 인삼생육의 최적지로 평가받아 품질 좋은 '고려인삼(PANAX GINSENG : 인삼의 속명인 파낙스는 그리스어의 판(Pan : 모두) 과 악소스(Axos : 의약)의 복합어로 만병통치약이란 뜻이다)' 을 생산하는 인삼 종주국으로 평가받고 있다.

현대의학은 다양한 문헌적 근거를 바탕으로 많은 임상효능 연구결과들을 발표하여 인삼의 탁월성을 뒷받침 해주고 있다.

2. 인삼의 분류

| 생삼 |

생삼(水蔘)이라고도 하는데 밭에서 수확해 가공하지 않은 인삼으로 보통 수분이 75% 내외 함유되어 있으며 7일 이상 저장이 어렵고 손상 및 부패가 쉽게 생긴다. 보통 생삼은 홍삼 및 백삼의 원료로 사용한다.

음식에 가장 많이 이용되는 인삼이다.

| 손질시 주의점 |

뇌두는 자르고 껍질은 긁어내지 말고 흐르는 물에 흙이 제거되는 정도로 씻어 낸다. 인삼은 표피에 사포닌 유효성분이 가장 많이 들어 있으므로 세척시 주의한다.

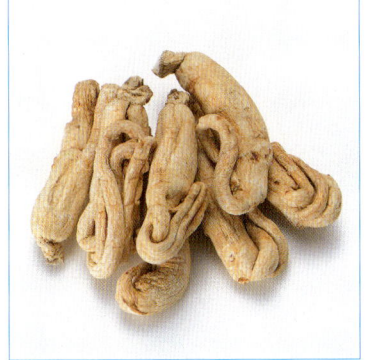

| 건삼 |

백삼(白蔘)이라고도 하는데 4~6년근 삼을 껍질을 벗겨 햇볕에 그대로 건조시켜 수분 함량이 14% 이하가 되도록 가공한 원형유지의 인삼이다.

건삼은 건조과정에서 분자발생으로 인해 인삼의 배당체 유효 성분이 생삼의 2배가 되고 쓴맛이 생삼보다 강해 우려내어 진액으로 많이 이용되고 한약제의 군약으로 많이 쓰인다.

특히 건삼은 홍삼과 달리 태양열이나 열풍, 기타 방법으로 익히지 않고 말린 것이디.

종류로는 5년근 이상의 생삼을 원료로 지근을 구부리지 않고 그대로 둔 직삼(直蔘)과 4년근 이상의 삼을 원료로 지근과 주근 일부에서 구부러진 형태를 갖추고 있는 곡삼(曲蔘), 5~6년근 생삼을 껍질을 벗기지 않고 햇볕에 그대로 건조시켜 미황백색을 띠는 피부백삼(皮膚白蔘) 등이 있다.

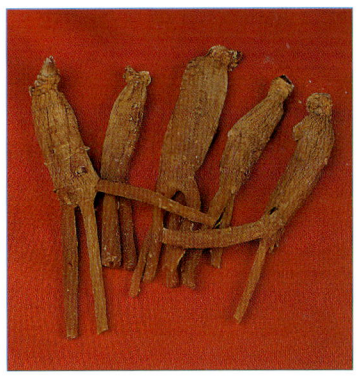

| 홍삼 |

홍삼(紅蔘)은 생삼을 장기간 저장할 목적으로 수증기 및 기타방법으로 찐 다음 익혀서 건조시켜 수분이 14% 이하가 되도록 가공한 것으로 담적황갈색 혹은 농다갈색을 띤다.

구중구포란 말이 홍삼에서 비유되는데 아홉번 쪄서 아홉번 말린다는 뜻이다. 이 과정에서 사포닌(배당체)이 손실되기도 하지만 증숙 과정에서 발생되는 또다른 유효성분이 형성된다. 보존기간이 긴 장점이 있다.

홍삼의 종류에는 뇌두, 동체, 지근의 형상, 색깔, 내부조직 등의 기준에 따라 천산(天蔘), 지삼(地蔘), 양삼(良蔘) 등이 있다.

최근에는 생삼을 끓는 물에 찌거나 데쳐서 말린 태극삼이 많이 이용되고 있다.

1) 인삼의 형태

인삼은 열매가 열리는 꽃부분과 화경, 장엽, 경과 뿌리로 구성돼 있다. 뿌리의 전체형태는 뇌두(腦頭), 지근(支根), 측근(側根), 근모(根毛) 등 주근 이외에도 많은 잔뿌리가 나 있고 마치 사람의 형태와 비슷하다.

2) 인삼의 크기

인삼의 가격은 제일 먼저 생삼으로 공급되었을 때의 가치로 결정된다.

생삼의 가격은 일반소비자가 느끼는 감각적인 기준에서 봤을 때의 가치(형태나 색깔, 크기등)와 약효를 고려한 실제가치에 의해 결정되지만 현재 인삼의 가격은 실제 가치보다는 크기에 의해 주로 결정된다.

그러나 인삼 전문가들은 인삼의 크기와 약효는 비례하는 것이 아니라고 지적하고 있다. 결국 인삼의 가격이 비싸고 크다고 해서 약효가 뛰어난 것은 아니라는 것이다. 그 년수에 비해 너무 큰 것은 오히려 속이 무를 수 있고 년 수에 맞는 적절한 크기가 가장 효과가 좋다.

3) 인삼 캐기에 좋은 시기

본초강목에는 '인삼은 봄이나 여름철에 캔 것은 속이 허(虛)하고 연하며 가을철에 캔 것은 견실(堅實)하다'고 기록돼 있다.

본초원시(本初原始)에도 '춘삼은 몸체가 가볍고 가을삼은 무거운 실즙이 뿌리에 내려 해와 달무리와 같이 껍질이 굳어 좋은 인삼이 된다' 라고 했다.

일반적으로 백로가 지난 9월 중순부터 10월 중순경에 인삼잎이 황색을 띠고 양분이 완전히 이동되어 뿌리가 가장 충실할 때 캔 것이 약효가 가장 좋다.

또 인삼을 먹어 좋은 효과가 나타나는 시기도 가을철이라고 되어 있다.

고려인삼의 종주처인 풍기에서는 해마다 10월 초순부터 풍기인삼축제가 성황리에 이루어지고 이 때에 전국에서 질 좋은 인삼을 구입하고자 많은 인파가 몰려온다.

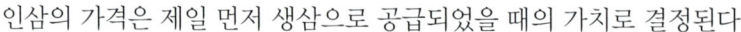

▲경북 영주시 풍기의 삼밭(사진 위)에서 수확되는 다양한 종류의 인삼(사진 아래).

4) 인삼의 손질과 보관법

① 손질법

생삼은 구입 즉시 한지나 기타 방법으로 싸서 냉장보관한다.

생삼의 가장 기초적 손질은 겉의 흙과 먼지를 깨끗이 닦아 내는 것이다. 물에 담가두면 흙은 잘 떨어지지만 인삼의 유효성분이 유실되므로 주의한다.

흙을 대충 닦은 다음 칫솔을 사용해 흐르는 물로 사이 사이에 낀 흙까지 잘 닦아 내고 잔뿌리를 다듬는다. 잔뿌리와 뇌두는 용도에 따라 잘라내기도하고 그냥 사용하기도 한다.

② 보관법

- 보관기간이 1개월 이내일 경우는 냉장고에 보관하도록 한다.

일반가정에서 쉽게 널리 사용하는 방법으로써 생삼이 건조해지기 전에 흘러 내리지 않을 만큼 물을 뿌려준 뒤 비닐이나 랩에 싸서 냉장실에 보관한다.

이때 비닐에 숨 구멍을 2~3개 정도 뚫어주어야 1개월간 유지·보관이 가능하다. 비닐에서 꺼낸 후에는 오래두면 상하기 쉬우므로 빠른 시간내에 사용하도록 한다.

인삼의 조상 산삼에 대한 이해 ①

〈산삼의 효능〉

산삼을 먹으면 취한다는 데 이러한 약리효능을 명현작용(瞑眩作用)이라고 하며 이것은 부작용과는 다르다.

산삼을 먹으면 ① 어질어질하여 정신을 차릴 수가 없고 ②취해시 잠을 자고 ③ 잠이 오지 않고 ④ 설사를 심하게 하며 ⑤ 신열이 나고 ⑥ 온몸 특히 손발에 삼꽃이라 하여 붉은 반점이 생긴다.

산삼을 먹고 대개 이와 같은 명현작용이 일어나면 큰 약효를 본 셈이다.

산삼은 경험임상효능에서 볼 때 아주 탁월한 효능이 있는데 기사회생의 영약이며, 나병, 성병, 아편중독, 당뇨병, 고혈압, 암에 큰 효능이 있다. 특히 스트레스에 의한 신경과민(알레르기)이 원인이 된 자율신경실조증후군에 신효가 있다. 눈이 맑아지며 추위를 타지 않고 10~20세가 적은 산삼 몇 뿌리만 먹어도 평생 추위를 타지 않는다. 인체의 저항력을 높이며 면역기능과 자연 치유력을 높이므로 저항력이 높은 강력한 체질로 개선시켜 준다.

- 보관기간이 1주일 이내일 경우에는 이끼를 이용해 보관한다.

그늘진 곳에 대량보관 할때 사용하는 방법으로 상자나 빈 그릇에 인삼과 이끼를 겹겹이 쌓은후 충분히 수분을 공급(분무)하여 보관하면 운반할 때도 편리하다. 단, 1주일이내에 사용하여야 한다.

- 장기보관시에는 모래 속에 보관하는 것이 좋다.

가을 이후 많은 양을 1개월 이상 보관하는 좋은 방법은 깨끗한 모래에 겹겹이 묻어 놓는 것이다. 이때 주의할 점은 모래가 마르지 않을 정도로 수분을 공급해야 한다.

- 가을에서 겨울동안 보관하기위해서는 종이상자에 보관한다.

마분지로 된 과일상자에 넣어 기후의 변동이 없는 광, 또는 지하실에 보관한다. 이때 생삼이 흔들리지 않도록 주의해야 한다.

인삼의 조상 산삼에 대한 이해 ②

〈산삼의 년근감정 방법의 예〉

산삼은 나이에 따라 가격이 비싸지므로 나이는 매우 중요하다. 그러므로 잎, 싹대, 뇌두, 몸통, 뿌리로 구성된 산삼을 전체적으로 살펴서 나이를 판단한다.

① **잎, 줄기에 의한 감정**
  산삼은 자라면서 싹대에 줄기가 갈라지며, 줄기가 2개인 것을 2구, 3개인 것을 3구, 4개인 것을 4구라 하는데 6구까지 있다. 3구는 몇년, 4구는 몇년하고 년도를 판단하는 곳이 있는데, 이는 잘못된 판단이며 일반인들이 오해를 제일 많이 하는 부분이다.
  물론 동일 지역에서 채취한 삼이라면 일단은 3구보다 4구가 나이가 많다고 판단할 수 있으나 산의 높이, 방향, 기후, 토질에 따라 똑같은 년수를 자란다 해도 구는 다를 수 있다.
  일반적으로 저지대 삼은 고지대 삼보다 빨리 3구, 4구 등이 된다. 그러므로 3구, 4구를 가지고 나이를 추정하는 것은 일단 기준은 되지만 절대적이지는 않다.

② **뇌두에 의한 감정**
  나이가 많을수록 뇌두가 길어지는 경향이 있지만, 벌레나 짐승 등에 의해 뇌두가 손상되는 경우가 있고, 산삼이 8년~10년씩 잠을 자는 경우도 있으므로 이를 고려해서 판단한다.

③ **몸통에 의한 감정**
  나이를 먹을수록 몸통이 커지므로 몸통은 클수록 좋다. 그러나 저지대 삼은 고지대 삼보다 같은 해를 자라도 몸통이 크며, 이식한 묘삼은 나이가 많지 않아도 크다.
  몸통이 크지 않아도 고지대에서 자라 오래 묵은 것이 좋다. 나이를 먹을수록 몸통 색깔이 누렇게 되는 경향이 있고 (토질에 따라 다소 다를수 있다) 몸통에 나사모양으로 테가 돈다.

④ **뿌리(미)에 의한 감정**
  오래 될수록 옥주가 생기고 잔뿌리가 없어져 미가 단순해지고 길어진다. 토질이 좋으면 미가 길어질 수도 있다.

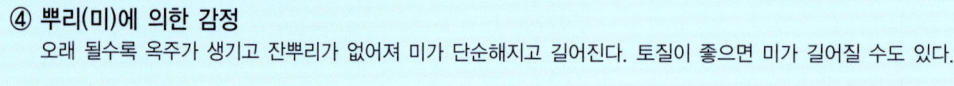

3. 인삼식품의 이해

1) 식품과 건강

사람은 자연이라는 환경에서 태어나 자연의 환경여건에 순응하면서 살아가며 생체가 지닌 자연 치유력의 힘을 발휘하여 건강한 생활을 영위할 수 있으나 그에 만족하지 않고 제철이 아니라도 농약이나 촉성 재배로서 사시사철 풍부한 먹거리를 제공받고 있다.

이로인해 맛도 그러하거니와 비타민, 무기질 등 제철에 노지에서 재배한 것보다 형편없이 뒤떨어지고 식품에 함유된 영양소가 해마다 성분이 변해가고 있는 것은 인간이 저지른 모순의 결과이다.

인체를 형성하는 모든 물질이 우리가 섭취하는 음식에서 이루어지는 것이고 보면 음식물의 섭취에 얼마나 많은 신경을 써야 하는지 알 수 있을 것이다.

그래야 질병 예방은 물론 그 치료에도 생체가 지닌 자연 치유력의 힘을 발휘할 수 있게 될 것이다.

식(食)은 곧 생명이다. 식이 잘못되면 병이 생긴다.

한번 생긴 병은 식(食)이 제대로 되지 않으면 낫지 않는다. 그래서 '의식(醫食)은 동원(同源)'이라고 고대 중국에서도 많이 쓰여 내려오는 말이다.

그만큼 음식과 질병은 불가분의 관계가 있는 것이다.

인체에서는 신진대사가 왕성하고도 절묘하게 일어나고 있다.

섭취하는 음식물에 의해서 체질 개선을 할 수 있다는 것이다.

낡은 세포라든가 조직이 쉴새 없이 교체되어 가는 현상이 신진대사인데 그 속도가 매우 빠르다.

인체의 경우 25조의 적혈구가 120일 동안에 교체되고 백혈구는 13일만에, 혈소판은 3일반에 모두 교체된다는 것이다. 매일섭취하는 음식물이 우리몸을 형성하고 있기에 음식으로 건강유지를 잘 해주면 젊음과 수명을 유지하고 정력의 원천이 된다는 것을 알아야 할 것이다.

2) 인삼을 이용한 기능성 식품이란?

기능성 식품이란 식품 중에 '생체조절기능'이라는 제3의 기능이 발휘 되도록 제조된 것이다. 즉 영양적 가치 외에 개인의 건강이나 신체적 활동, 정신 상태와 질병의 예방과 회복 등에 긍정적인 영향을 줄 수 있는 식품이 기능성 식품이라고 할 수 있다. 따라서 인삼은 장기간 섭취에도 부작용이 없으며 다른 배합체(식품)와 함께 조리하여도 잘 부합되므로 기능성 건강식품으로서의 가치로는 가장 으뜸이라고 본다.

인삼의 조상 산삼에 대한 이해 ③

〈심마니는 누구인가?〉

산삼을 채집하는 사람들을 심마니 혹은 심매마니라 한다.

여기서의 심은 인삼을 뜻하는 우리의 옛말이다.

또 마니라는 말은 (범어의 Mani)에서 유래된 것인데 큰 사람이라는 뜻이다.

심마니 생활을 오래한 사람은 스스로를 이인, 즉 대상이라 부르고 있는 점으로 보아 심마니란 산삼을 채취해 낸다는 뜻을 가진 말이라 할수 있다.

오늘날 우리가 말하는 인삼이라 할때는 재배되고 있는 삼을 가리키는 것으로 자연생의 산삼과 구별되고 있다. 그러나 수백년 전 사람에 의하여 인공적으로 재배되기 전에는 인삼은 곧 산삼을 의미하는 것이었다.

옛날에는 사업적인 심마니들이 따로 있었던 것이 아니고 산중에 사는 사람들은 누구나 산삼에 대한 관심을 가지고 채취했기 때문에 그들은 모두 직업적이 아닌 심마니라 할수 있었다.

산삼이 불로장생 영약이라 하여 함부로 채취한 결과 점차 희귀하게 되자 전문적이고 직업적인 심마니들이 각 지방마다 생겨나기 시작했다. 그리하여 조선시대에는 이들을 재삼군이라 하여 호적부에 기재한 사람까지도 있었다.

또 심마니들이 고생 끝에 채취한 산삼을 약탈하는 이도 많았다.

일제때는 산삼이 산출되는 지방의 영림서에 서는 세 사람을 한조로 하는 심마니들의 입출 허가제도가 있었다.

1928년 허락을 받은 심마니들의 숫자는 690명이었고 이듬해인 1929년에는 1240명, 1930년엔 1038명이었다.

3개월간의 유효기간으로 입출허가증을 발부했으며 기간이 넘도록 하산하지 않고 허가증도 반납하지 않은 사람은 조난자로 간주했다.

광복 후에는 산삼채취 허가가 없어져 확실한 통계숫자를 알 수 없다.

오늘날 설악산, 지리산 등에 활약하고 있는 심마니들은 수천명에 이를 것이라 추산된다.

이렇게 무제한한 산삼의 채취로 산삼은 아주 희귀하게 되어 오늘날에는 멸종의 위기에까지 이르렀다.

희귀야생 동식물 국제거래에 관한 워싱턴 조약 제 8차 회의가 일본 경도에서 지난 1992년 3월에 개최되었는데 그 때 한국의 유명한 고려 산삼도 워싱턴 조약에 등록해야 한다는 건의를 받았다.

인간의 건강을 적절히 유지하고 생명현상을 유지해 나가려면 기초 열량의 확보와 더불어 모든 신진대사 과정의 원활한 운영과 생체 항상성(homeostasis)이 보장 되어야 한다.

오늘날은 환경의 변화로 인해 공해가 심각한 문제로 등장하여 미네랄 등 인체의 유효성분 함유량이 적어지고 효소의 활성이 약화되었으며, 예전에 비하면 자연식품(곡류, 채소)의 질도 농약으로 인해 상당히 떨어져 있다. 이처럼 환경요인이나 스트레스 등으로 생체리듬이 균형을 잃었을 때 사람들은 흔히 약(medicines)을 통하여 정상적인 상태를 확립하려 한다.

의약품 또는 그의 원료로 이용되어 온 많은 재료들은 그것 자체가 식품재료로도 활용되고 있거나 그럴 가능성이 높은 것이 많다.

식품과 약품의 중복성은 새삼스러운 것이 아니어서 동양에서는 일찍부터 의식동원(醫食同源) 또는 약식동원(藥食同源)의 개념이 활용되었다. 즉 외형만 성장시키는 서구의 영양학 보다는 체내의 소화작용을 원활하게 하고 몸의 저항력을 기르는데 동양생리학적 영양학이 성립되었다.

결국 식품은 영양소와 맛 관련 물질 외에도 사람의 생리작용에 관여할 수 있는 다양한 성분을 함유하며 그런 점에서 또 하나의 가치를 원래부터 가지고 있었다는 것이다.

식품의 섭취를 유효적절하게 할 수 있다면 인간의 건강과 생명현상은 지극히 정상적인 상태를 유지해 나갈 수 있다.

3) 기능성 소재로서의 인삼

인삼은 기원 전부터 우리나라를 비롯한 중국이나 일본 등지에서 건강증진이나 피로회복에 탁월한 효능을 지닌 대표적인 강장제로 소중히 여겨져왔다.

옛부터 이어져 온 우리나라의 독보적인 인삼 재배기술과 음용방법은 영약으로의 신비감을 더하여 인삼 종주국으로의 면모를 다졌으며 '고려인삼'이라는 세계적인 명성을 얻게 되었다.

과학적으로 규명된 인삼의 효능은 인체의 대사기능을 증진시켜 전반적인 인체의 저항성을 높여주며 당뇨를 저하시키고 혈중 콜레스테롤 수치를 낮추는 기능을 한다.

또한 인삼은 일반적으로 강장제가 지닐 수 있는 기본적인 효능을 가지고 있으며 인체에 대한 독성이 문제가 되지 않는 등 전반적으로 기능성 식품 소재로서의 특성을 갖춘 재료이다. 기능성식품 소재로서 인삼의 기능은 생체항상성(homeostasis)효과를 발판으로 인체 대사기능의 균형을 유지시켜 준다.

인삼의 신비한 효능은 1960년대 소련의 Brekmann이 제안하였던 'adaptogenic theory'에 의하여 포괄적으로 설명된 바 있다. 이 'adaptogenic'의 실체는 인체가 정상적인 상태에 있으면 특별한 효능을 나타내지도 않지만 어떤 스트레스를 받아 인체 기능이 저하되면 효능을 발휘해 인체의 생리기능을 정상화시킬 수 있는 물질로 설명된다.

이처럼 다양한 기능을 지닌 인삼의 효능은 크게 다음과 같다.

> **인삼 효능의 7효설**
> ① 補氣救脫(보기구탈) : 체력증진, 피로회복
> ② 益血復脈(익혈복맥) : 신진대사 개선
> ③ 養心安神(양심안신) : 스트레스 해소
> ④ 生津止渴(생진지갈) : 당뇨병 치료
> ⑤ 補肺定喘(보폐정천) : 호흡기 질환 개선
> ⑥ 健脾止瀉(건비지사) : 소화기관 개선
> ⑦ 托毒合瘡(탁독합창) : 독소 제거 항암

① 항피로 항스트레스 효과
비교적 최근에서야 과학적으로 증명된 효과로 인체의 각종 물리적, 화학적 그리고 생물학적 스트레스에 저항하는 다수의 물질이 인삼에 분포한다는 것이다.

② 기억력 증진 효과
인삼의 진세노사이드 Rb-1이 알츠하이머형의 노인성 치매와 관련된 기억력 저하에 대한 회복효과를 보여 주었다고 한다.

③ 면역기능 강화
인삼은 인체에 대한 항염효과와 더불어 항체수를 높이고 면역증진 물질인 인터페론의 생산을 촉진한다고 한다. 이와 같이 현대 의학의 큰 숙제로 남아 있는 면역결핍증(에이즈, 사스 등)의 예방가능성이 고려인삼에서 발견되고 있다는 것은 인삼의 효능이 탁월함을 입증하는 것이다.

④ 대사기능 항진효과
인삼은 인체의 콜레스테롤 대사에 관여하여 혈중 콜레스테롤 수준을 현저하게 낮추며 HDL(high-density lipoprotein)과 LDL(low-density lipoprotein)의 비율을 긍정적으로 조절한다고 한다.

⑤ 고혈압에 대한 효과
인삼은 생체내 지질대사를 개선하여 동맥경화 예방에 유효하여 혈중 콜레스테롤치의 증가를 억제시키며 혈압 안정에 효과가 있다. 인삼 사포닌은 콜레스테롤의 소진을 촉진하고 고지혈증을 개선하는 효능 및 동맥경화 예방에 유효하고 혈압을 상승시키는 성분과 강화시키는 성분이 공존하므로 선택적으로 혈압을 정상화시키는 것으로 밝혀졌다.

⑥ 항암효과

인삼은 암세포의 증식을 억제할 뿐만 아니라 암세포를 정상 기능을 갖는 세포로 분화시킨다. 인삼을 섭취하면 혈액중의 백혈구, 특히 면역력에 관계하는 임파구가 증가한다.

백혈구는 해로운 이물질이라던가 균류가 체내에 침입할 경우 그들을 괴멸시키기도 하고 면역이 되게도 한다. 그러므로 백혈구의 증가는 암에 대한 저항력을 강화시키는 것이다.

⑦ 인삼의 간장보호 작용

인삼은 체내에서 단백질 합성을 촉진하여 부분 절제한 간의 재생률 증가, 급성 간장해에 대한 간기능 회복효과 입증, 간의 콜레스테롤 대사촉진 효과, 숙취 해소 효과 등 간염환자에 대한 인삼의 유효성이 입증되었다. 인삼은 알콜의 체내 대사 및 배설을 촉진함은 물론 알콜로 인한 간 상해를 막아 준다는 것을 알수 있다.

따라서 인삼은 장기간 섭취에도 부작용이 없으며 다른 배합제(식품)와 함께 조리하여도 잘 부합되고 열을 가해도 인삼의 유효성분 손실이 없기 때문에 기능성 건강식품으로서의 가치로는 가장 으뜸이라고 본다.

3) 인삼과 약선요리

인삼은 예로부터 한약제의 군약으로 이용되어 왔다.

근래에 와서는 약식동원의 개념이 활성화 되면서 인삼이 약용으로 보다는 오히려 기능성 식품의 소재로 활용하는 경향이 높아 졌다.

이것은 인삼을 식품으로서 활용할 때 부작용이 적으며 기능성 식품의 요구에 잘 부합되며 신농본초경에도 대추, 감초와 더불어 인삼을 상품으로 분류 하였듯이 인삼은 독성이 없어 장기간 섭취해도 해가 없다. 조리과정에서도 인삼의 가장 중요한 배당체 사포닌은 열에 비교적 안정하고(130℃에서 분해된다) 유효성분이 손실되거나 다른 식품에 유해하지 않다는 것은 이를 뒷받침하여 준다. 인삼은 X선과 같은 방사선에 대한 방어 효능이 있고 그 활성 성분은 사포닌을 함유하고 있지 않은 단백질 성분으로서 물에 끓였을 때도 열에 파괴되지 않는 이른바 열안전성 단백질이라고 보고되었다. 이러한 수용성 열안전성 단백질은 부위별로 보면 미삼류 보다는 주근의 신중앙에 많이 함유되어 있다고 한다.

(1) 인삼에 생강과 대추를 넣는 이유

생강은 건위, 發汗解表(발한해표), 溫中止嘔(온중지구), 해독작용을 하며 대추는 약성의 완화작용을 함으로서 비위기허의 보조재로 주로 사용한다. 생강의 자극성을 대추로 완화하고 대추로 인한 복부 팽만감을 생강으로 감소시키는 작용을 한다. 대추와 생강을 동시에 사용하면 식욕이 증대되고 소화가 촉진됨으로써 인삼의 효능이 좋아지고 인삼의 쓴맛을 완화시켜 준다.

▲인삼대추생강차

(2) 인삼 섭취시 유의사항

① 인삼이 몸에 안 맞는 사람이 있다고 하나 이는 절대적인 것은 아니다. 신체의 상태에 따라 적당히 사용하면 누구에게나 도움이 된다. 특히 소화 기능이 약하거나 몸이 냉한 사람에게는 더욱 좋다.

② 흔히들 인삼은 열을 낸다고 하나 실제로 인삼성분중 발열성 물질(pyrogen)은 발견되지 않았다.

인삼은 온성(溫性)으로서 몸을 따뜻하게 해서 혈액순환을 촉진시켜 우리 몸의 신진대사를 촉진해 주고 이런 작용을 통해서 여러가지 다양한 효과를 나타낸다고 볼 수 있다.

③ 일반적으로 한방에서는 몸에 열이 많은 사람이나 감기로 고열이 있을 때는 피하는 것이 좋다. 인삼은 감기에 걸리기 전에 예방을 위해서 또는 감기로 인해 기력이 저하되었을 때 체력 보강을 위해서는 좋다. 최근 인삼을 많이 섭취하면 독감 인플루엔자의 이환율을 저하시킨다는 연구결과가 보고 되고 있다.

④ 인삼의 부작용으로 흔히 혈압상승이 추정되고 있지만 그 동안의 임상실험에서는 그러한 경향은 인정되지 않았고 고혈압약과 함께 복용시 혈압조절과 환자생활의 질개선(GOL)에 도움을 주었다.

따라서 인삼은 일부 속설로 인식되는 고혈압증에 금기만은 아닌 것으로 여겨지며 더욱 음식으로서는 여러 가지 부재료가 들어가고 여러 조리과정을 거치는 동안 그 성질이 융화된다.

다만 어떤 명약도 작용이 있으면 반작용이 있으므로 우리가 먹는 식품도 사람에 따라 알러지 반응이 일어날 수 있는 것처럼 사람에 따라 극히 드물게 불편감으로 피부에 일시적 반점이 생기거나 가려움증, 두통, 상열감, 설사 등이 생길 수 있으나 이때는 복용을 중단하면 별문제는 없다.

(3) 인삼의 효과를 상승시키는 배합제

① 인삼과 닭고기

닭은 고단백, 고열량 식품으로 리놀레인산을 비롯한 불포화지방산이 많고 감촉이 좋으며 소화가 잘된다.

인삼의 사포닌(배당체)은 지방을 미립화하여 소화율을 높이고 인삼 특유의 쌉싸름한 맛이 육류의 냄새를 중화해서 잡내를 제거한다. 인삼은 콜레스테롤 수치를 낮추고 인삼과 닭의 결합으로 효소가 활성화되어 육질을

▲삼계탕

부드럽게 하고 맛을 높여준다.

삼계탕은 더위로 입맛을 잃었거나 병후 치료식사로도 매우 좋다.

▼인삼구기자닭찜

② 인삼과 구기자(拘杞子)의 배합

구기자는 보음제의 대표적인 약재로서 신기능의 보강, 자간(慈肝), 명목(明目)의 작용, 자음(滋陰), 갈증해소, 근골(筋骨)강화 등의 작용을 하며 일반허약자, 만성소모성 질병, 성기능 감퇴, 신경쇠약, 당뇨병, 빈혈, 시력감퇴 등에 좋으며 인삼의 보기와 구기자의 보음 효과를 동시에 기대한다.

보음약 : 음허증에 사용되는 약으로 일반적인 음허증상은 입안이 마르는 것, 뺨이 벌개지는 것, 손바닥과 발바닥이 화끈거리는 것, 가슴이 답답한 것, 불면, 식은땀, 유정(遺精) 등이 있다. 이를 이용한 음식으로는 인삼구기자닭찜, 인삼구기자곤짠지가 있다. 곤짠지는 경상도 지방어로 재료를 햇볕에 골려서 만든 김치류를 말한다.

② 인삼과 오미자(五味子), 맥문동의 배합

오미자는 신(腎)을 보하고 소갈(消渴)과 번열(煩熱)을 멈추게 하고 허로 인한 선상을 낮게 하고 성기능을 높이며 오장의 기운을 보하는 작용이 있다.

약리적 효능으로는 피로회복 촉진, 신체 저항력 증가, 콜레스테롤 저하, 신경장애로 오는 자각증상 개선과 정신적 작업능률 개선, 간의 해독력 강화 및 간장보호 작용 등 인삼과 유사한 보기 효능이 있다.

▲인삼우무묵

오미자를 인삼과 배합시 인삼은 원기를 보하고 진액을 늘려 심력(心力)을 좋게 하고 오미자는 음을 가다듬고 땀을 멎게 하며 진액을 자양하는 작용이 있다. 이러한 효능을 목표로 하여 폐음을 보하며 심열(心熱)을 없애고 비위의 기능을 도와 진액을 잘 내게 하는 보음약인 맥문동을 추가하면 기(氣)와 음(陰)이 상한 때(식은땀, 나른함, 숨가쁨, 갈증, 입마름, 마른 기침, 맥허약 등)에 더욱 좋은 효과를 발휘할 수 있다. 단 오미자는 산미(酸味)가 강하여 다량 장기간 복용하면 특히 어린이의 경우 식욕을 잃을 염려가 있다. 오미자와 인삼이 배합된 음식으로는 인삼오미자차, 인삼 우무묵 등이 있다.

> **인삼과 한약재(생약재) 배합시 고려 사항**
>
> 인삼과 한약재를 사용하면 상호간의 상승작용에 의하여 효과가 높아지기도 하고 상호억제로 말미암아 부작용으로 효과가 감소되는 경우도 있다. 즉 배합에 따라서는 약물 본래의 효력을 상실하거나 약화 시킬 경우도 있으며 상호 작용에 따라 오히려 부작용이 일어 날수도 있다.

③ 인삼과 당귀의 배합

인삼은 원기를 보하는 작용이 뛰어나고 당귀는 피를 보하는 대표적인 보혈제로서 이 두가지를 배합하면 기(氣)와 혈(血)을 함께 보할 수 있으며 빈혈, 심통 등에 응용하면 좋다.

응용 음식으로는 인삼당귀김치, 인삼당귀소스가 있다.

④ 인삼과 꿀

인삼은 강장효과 등 여러 가지로 인체에 많은 효과도 주지만 성분을 보면 열량이 매우 낮다. 사람이 활동하는 근본은 열량 즉, 칼로리이다. 그런데 사람이 먹는 식품 중에서 열량을 가장 손쉽게 낼수 있는 것이 꿀이다.

인삼과 꿀은 매우 합리적인 배합이다.

(4)인삼의 생리적 특성

▲인삼마늘꿀탕

① **인삼은 햇볕을 좋아한다.**
햇볕은 화학공장의 연료와도 같다. 인삼잎이 펴질 때에는 햇볕을 받아서 잎속의 전분공장을 돌려야 뿌리가 성장하기 때문이다.

② **서늘한 것을 좋아 한다.**
기온이 높아지면 잎과 줄기에서 호흡량이 많아져서 광합성으로 벌어들인 것을 소모하게 되므로 뿌리로 갈 양분이 적어진다.

③ **인삼은 물을 좋아한다.**
인삼뿌리는 75%가 물이고 잎과 줄기도 물이 80% 이상이다.
인삼뿌리는 가물면 잎과 줄기를 말라 죽게하고 잠을 자서 물이 충분할 때까지 기다린다. 이것은 인삼이 살아남기 위함이지 성장하는 것은 아니다.
토양의 수분이 충분해야 더울 때 기공을 통해 증산을 원활히 하여 잎의 온도를 내려 광합성을 많이 할 수 있다.

④ **산소를 좋아한다.**
인삼 실뿌리는 두둑 표면 바로 밑에까지 많이 뻗어 나오는데 산소를 좋아하기 때문이다.

⑤ **인삼은 양분을 적게 흡수한다.**
인삼은 무기양분(질소, 인산, 석회 등)을 다른 작물보다 적게 요구한다. 인삼은 다른 작물에 비해 성장속도가 느리므로 양분의 흡수도 그만큼 느리다.

(5) 식품으로서의 인삼

신농본초경에는 인삼의 효과를 다음과 같이 소개하고 있다.
체내의 오장을 보하며 심신을 안정시키고 장복하면 몸이 가뿐하게 되어 수명이 길어진다. 지금까지 과학적으로 입증된 인삼의 효과는 스트레스, 피로, 우울증, 심부전, 고혈압, 동맥경화증, 빈혈증, 당뇨병 등에 유효하며 피부를 윤택하게 하고 건조를 방지한다고 한다. 암세포의 증식을 막는 항암작용까지 보고되고 있다.

인삼은 철분을 꺼린다?

본초강목에서는 인삼을 절단할 때 쇠칼보다는 대나무칼을 써야 하며 달일때도 철기의 사용을 금한다라는 구절이 있다. 또 심마니들은 삼을 캘 때에는 절대로 쇠붙이를 사용하지 않고 나무 막대로 사용한다. 옛부터 우리 조상들은 산삼이나 인삼으로 한약을 달일 때에는 반드시 옹기 약탕관을 사용했고 또 조선왕실에서는 금은으로 된 용기를 사용했다.

구한국시대에서도 홍삼제조시에는 철기를 사용하지 않았다. 지금도 이러한 관습은 내려오고 있는데 철기를 사용한 것과 대나무칼을 사용하여 처리한 인삼의 약리효능이나 성분의 변화와 차이에 대하여 과학적으로 규명한 연구결과는 아직까지 별로 없고 다만 철분이 인삼중의 당(糖), 원(原), 질(質)을 파괴한다고 생각하는 학자는 있으나 이에 대한 확실한 과학적인 근거는 입증된 바 없다.

김하식박사의 논문에서 인삼이 보혈제로서 적혈구에 미치는 효능은 인삼엑기스 가운데에 포함되어 있는 소량의 철분에 의한 것이라 생각되나 생삼 20g 중의 철분 함량은 극히 미량이어서 평량(枰量)하기가 곤란하다고 밝혔다.

인삼에는 영양성분으로 당질(67.3%), 단백질(13.7%), 지질(3.4%), 무기질(3.9%), 비타민 B복합체 등이 골고루 포함되어 있을 뿐 아니라 특별한 약리작용을 나타내는 $G-Rb_1$, $G-Rb_2$, $G-Rb_3$를 비롯한 특이 사포닌 배합체가 30여종 들어 있으며 과학의 발달과 인삼에 대한 관심도가 높아져 그 연구가 활발해짐으로서 특이 사포닌 배당체의 수도 계속 증가하는 추세이다. 그래서 약용뿐 아니라 예로부터 식품으로써의 활용이 매우 많았다.

그러한 사실을 잘 표현하고 있는 이야기가 '인삼정과 없는 기생첩방(妓生妾房)'이라는 속담까지 생기게 되었다. 이것은 꼭 있어야 할 것이 없다는 것을 빗대는 말이다. 방탕한 생활을 한 연산군도 애용한 것이 인삼정과였다고 한다. "장백산 산삼이 동이 나고 팔도 벌통이 텅텅 비었구나" 하는 노래가 그것을 잘 말해주고 있다.

이처럼 인삼은 강장효과 등 여러가지로 인체에 좋은 효과를 주지만 성분을 보면 열량은 매우 낮다. 그러므로 사람이 먹는 식품중에서 열량을 가장 손쉽게 낼 수 있는 꿀과 배합하면 열량이 보충된다.

꿀 100g을 먹으면 약 300kcal의 열량을 얻을 수 있다. 인삼을 먹을 때 꿀을 섞어 먹거나 정과로 먹으면 힘을 낼 수 있듯이 인삼과 꿀은 매우 합리적인 배합이다.

음식에는 그러한 식으로 응용되고 있는 것이 매우 많은데 인삼과 오미자가 좋은 예다.

오미자는 인삼의 효능을 상승시켜 주는 것 가운데 하나로 단맛, 짠맛, 신맛, 쓴맛, 매운맛의 5가지 맛을 가진데서 '오미자'란 이름이 붙여졌다.

오미자는 시트랄이 주성분으로 되어 있는 정유(精油), 세스퀴데르펜, 리그난, 유기산 등으로 간 보호와 해독작용, 간염치료작용, 스트레스성 궤양 예방 작용, 위액 분비 억제작용, 진해거담 작용, 자양강장 작용, 혈액순환장애 개선 작용 등의 효과가 보고되고 있다.

오미자의 과육은 주로 사과산, 주식산 등 유기산 때문에 신맛이 강하다. 땀과 설사를 멈추게 하는데도 이용된다. 오미자는 대뇌피질의 흥분과 억제작용을 조절해서 주의력을 상승시키고 인내력을 증진시켜 준다고 한다. 황률과 대추를 섞어서 넣고 끓이거나 미삼을 넣고 오래 달이면 풍미 있는 차가 된다.

(6) 인삼의 사포닌

인삼의 사포닌은 팥, 더덕, 도라지 등 다른식물에도 많이 함유되어 있는 사포닌과 무엇이 다른가?

다른 식물에서 유래된 사포닌은 극성을 띠고 있어 용혈작용과 같은 독성을 지니고 있

▲오미자

인삼이론

는 반면에 인삼사포닌은 특이배당체로서 담마란계 중성 배당체이기 때문에 독성이 거의 없으며 우리몸에 유용한 약성을 지니고 있다.

일반적으로 식물의 사포닌은 물에 녹으면 지속적으로 거품을 내는 계면활성이 있다. 적혈구 파괴작용과 어독성이 있고 혈액중의 콜레스테롤과 결합하여 복합체를 형성하는 성질을 갖는 극성이 비교적 큰 고분자 화합물이다. 하시만 인삼사포닌(진세노사이드)의 약리작용이 일반 생약류의 사포닌과는 달리 트리테르페노이드(triterpenoid)의 담마란(dammarane)골격을 가진 배당체라는 점이다. 매우 다양한 생물활성을 가지고 있다는 것이다.

담마란이란 항암, 피로회복, 항산화, 항당뇨, 항염증, 조혈기능 촉진등의 효과를 나타내는 성분 등이 함유하고 있다는 것이다.

인삼은 어떠한 생리적 상태에도 일반적으로 대사를 항진하거나 억제 시키는 것이 아니라 영양 환경이나 생리 병리적 상태에 따라서 정상적인 호메오스타시스(항상성)을 유지하도록 조정하는 것으로 해석된다.

이밖에도 인삼에는 인체에 필수적인 무기원소와 단백질, 핵산, 필수아미노산 등의 성분들이 함유되어 있기 때문에 약용 뿐만 아니라 건강식품으로도 귀중한 자원임을 말해주고 있다.

▲삼밭에서 재배된 삼들은 도매상들을 통해 판매되고 있다.

① 백삼과 홍삼의 사포닌 비교

홍삼에는 백삼에는 없는 몇 가지 새로운 사포닌이 들어 있으며 폴리 아세틸렌, 페놀성 성분 등의 비극성 성분의 함량이 백삼보다 높다. (다음의 표 참조)

 〈백삼과 홍삼의 성분 비교〉

	백 삼	홍 삼
사포닌 종류	총 23종 PD 15종, PT 7종, 올레안 1종	총 30종 PD 18종, PT 11종, 올레안 1종
기타 성분	수분, 단백질, 지질 탄수화물, 섬유소, 회분 폴리아세틸렌계(항암활성) 진세노사이드 Rg3 Rg5 폴리 아세틸렌, 페놀성분 등 비극성(非極性)성분 함량이 홍삼보다 적다.	수분, 회분, 함질소화합물 지용성 성분, 비타민, 탄수화물 불활성화 배당체가 많다. 갈색 침전물질 페놀성물질(항산화 활성) 폴리아세틸렌 분획 진세노사이드

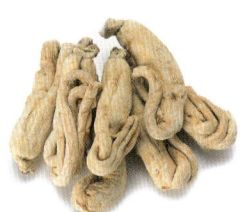
▲풍기 반곡삼

▲중국 전칠삼

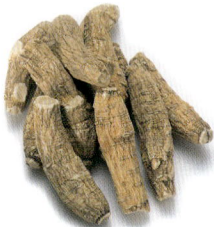
▲미국 화기삼

② 세계의 인삼과 우리나라 인삼(고려인삼)의 사포닌 비교

세계 각국에서 재배되고 있는 인삼은

① 고려인삼 (P. ginseng) : 한국에서 생산된 인삼 (사람모양)
② 화기삼(P. quinquefolius) : 미국, 캐나다에서 생산된 삼 (원주형)
③ 전칠삼(P. notoginseng) : 중국 운남, 광서성 등 남부지방에서 생산된 삼 (소형 당근 모양)
④ 죽절삼(P. japonicum) : 일본에서 자생한 삼 (대나무 뿌리 모양)
⑤ 삼엽삼 (P. trifolium) : 북미 동부에서 생산된 삼(구형)
⑥ 히말라야삼 (P. pseudoginseng) : 네팔에서 생산된 삼 (구근형)

등의 종류가 있는데 고려인삼은 이들중 가장 우수한 삼으로 평가받고 있다.

특히 풍기인삼은 인삼의 종주처로서 인삼생육에 적합한 지리적 여건을 갖추고 있다.

풍기인삼이 많이 재배되는 경작지의 위도는 북위 36°~38°로 인삼생육기간이 길어 인삼의 발육을 충분하게 해주기 때문에 내부조직이 단단하고 치밀하며 풍기인삼 고유의 맛과 향을 오래 간직할 수 있다.

이러한 우수성은 인삼의 사포닌 성분 함유량에서도 차이를 보이고 있다.

〈백삼과 홍삼의 성분 비교 및 서양삼과의 사포닌 함유량〉

	고려인삼		서양삼(화기삼)	서양삼(화기삼)	죽절삼(일본삼)
	홍삼	백삼			
총 사포닌 수	30	23	14	15	8
PDI(파낙스다이올)계	18	15	9	6	6
PT(파낙스트리올)계	11	7	4	9	4
Oleanone계	1	1	1	-	1

특히 고려삼과 서양삼, 전칠삼의 사포닌(GINSENOSIDE) 총 함유량에 대한 개별 사포닌(GINSENOSIDE) 함유 조성비율을 볼때 우리 인삼이 외국삼에 비해 사포닌 분포가 매우 균등하다는 것을 알 수 있다.

③ 고려인삼과 중국삼의 비교

중국삼은

① 연도에 비해 요두가 길며 굵고 죽절이져 울퉁불퉁한 경향이 있고 ② 턱수가 많으며 턱수가 하늘로 치고 올라가 있으며 ③ 몸통색이 검은색 계통이 많으나 누런색도 많다 ④ 몸통이 나이에 비해 테가 많이 돌아 있고 ⑤ 몸통의 껍질이 두껍고 미가 짧아 옆으로 퍼지는 경향이 있다 ⑥ 잔미가 별로 없이 단순한데 씹으면 향이 별로 없고 약한데

반해 국산은 향이 진하고 입안이 화하게 향이 오래간다.
한편 일본의 죽절삼은 한방에서 지혈작용제로 이용된다.

(6) 사포닌 이외의 인삼의 주요 성분

지금까지 국내외에서 인삼의 성분을 연구분석한 결과 인삼에는 사포닌 이외에도 아래와 같은 성분들이 함유돼 있다고 밝혀졌다.

① 파나센(panacen)
  인삼 고유의 향기성분으로 끓는점이 낮은 부분(60~110℃)에서 분리되는 것으로 세스퀴테르페노이드계의 화합물이다.

② 폴리아세틸렌계 화합물
  일본에서는 인삼에서 폴리아세틸렌계 화합물을 분리하여 파낙시놀이라 명명하고 그 화학구조식을 밝힌 바 있으며, 미국에서는 인삼이 어떤 종의 항세포 배양물에 대하여 세포독성을 발휘함을 발견하였으며 그 밖에 β-시스토스테롤·스티구마스테롤 등이 함유되어 있음을 확인하였다.

③ 함질소 성분
  인삼 중의 염기성 물질(알칼로이드)에 대한 연구는 오래 전부터 있었고 이 물질은 Hela-cell(乳癌細胞)이나 KS-cell의 생육이 억제된다고 하였으며 그 밖에 펩티드는 인슐린과 같은 작용을 하여 당뇨병에 유효하다고 한다.

④ 플라보노이드(flavonoid)
  인삼의 줄기와 잎에는 캠페롤·트리폴림 및 파나세노이드 등이 함유되어 있다.

⑤ 비타민
  인삼 중 비타민류로는 B복합체와 니코틴산·판토텐산·폴산 및 비오틴 등이 함유되어 있다

⑥ 미량원소(粘液質)
  인삼에는 미량원소로서 망간·구리· 바나듐·코발트·비소·게르마늄·인·일루미늄 및 니켈 등이 있으며 게르마늄 세포독성을 통하여 노화된 세포가 신생세포로 바뀌는 것을 촉진함으로써 가장 효과가 있다고 한다. 또한 항암적(抗癌的)인 작용도 있다고 한다.

⑦ 효소(酵素)
  인삼에는 아밀라아제와 페놀라아제가 있음이 밝혀졌다.

⑨ 기타
  홍삼에는 항산화작용을 하는 말톨이 함유되어 있고 21종의 아미노산과 24종의 유리지방산이 함유되어 있음이 밝혀졌다.

중국삼의 특징

① 중국산 건삼
- 진해거담제로 많이 쓰인다.
- 탈색제를 사용한 경우가 많은데 이런 인삼은 색깔이 하얗고 겉이 미끈하다.
- 뇌두(머리)가 약하여 손으로 누르면 쉽게 부러지며 뇌두가 잘린 것이 많고 인삼 냄새가 거의 나지 않는다.
- 사제 비닐 봉지에 담아 판매된다.
- 모양이 생강과 비슷하여 고려 인삼과 확실히 구분된다.

③ 중국산 홍삼
- 완전 밀착시켜 납작(일명 '떡삼')하고 일부 원형 홍삼은 정형 상태가 불량하고 다리가 거의 없다.

〈참고자료〉

- 『음식동의 보감』, 신재용
- 『먹으면 치료가 되는 음식』, 신재용 감수
- 『신약본초(神藥本草)』, 인산 김일훈
- 『먹으면 약이 되는 음식』, 서울문화사
- 『맛있는 보약요리』, 효성출판사
- 『음식궁합』, 서울 문화사
- 『신비한 된장이야기』, 이정호
- 『인삼과 홍삼, 유태종박사』, 아카데미 북
- 『풍기인삼 천오백년(豊基人蔘 千五百年)』, 김인순 엮음
- 『우리약초를 지키는 생활한방』, 신재용·김태정
- 『인삼과 산삼』, 한경채 박사
- 『금산 곡삼』, 김순기 박사
- 『약이 되는 우리 풀, 꽃나무』, 최진규
- 『황제내경』, 청홍

〈자료제공 기관〉

- 중앙대학교 인삼산업 연구센터
- 풍기 동양대학교 창업보육센터
- 영주시 농업기술센터
- 영주시청 문화관광과
- 풍기인삼 협동조합